비전공자를 위한
이해할 수 있는
IT 지식

API, 클라, 서버, 프레임워크…
도대체 뭐라는 거야?

비전공자를 위한
이해할 수 있는
IT 지식

최원영 지음

T.W.I.G
티더블유아이지

비전공자를 위한 IT 지식

어느 날 IT 회사에서 일하는 친구가 찾아와 물었습니다.

"도대체 우분투가 뭐야? 개발자들이 우분투, 우분투 하는 데 그게 도대체 뭔지 모르겠어."

그날 그 친구에게 초밥을 얻어먹으며 우분투를 비롯한 IT의 배경지식을 설명해 줬습니다. 한참 듣고 난 친구는 이렇게 말했습니다.

"이제야 좀 이해가 되네! 근데 IT에 대해서 더 공부하려면 어떤 책을 봐야 해? 누군가는 C 언어를 배우라고 하고, 누군가는 파이썬을 배우라고 해서 다 읽어봤는데 뭐라는지 모르겠더라고. 기초가 많이 부족한가 봐."

IT 회사에서 일하는 많은 사람들이 제 친구와 비슷한 고민을 하고 있습니다.

그렇다면 비전공자가 IT 산업에서 개발자와 일하기 위해서는 어떤 지식이 어느 정도 수준으로 필요할까요? 비전공자는 무엇을 목적으로 IT 지식을 공부해야 할까요?

그 기준이 되는 것이 바로 '커뮤니케이션'입니다.

커뮤니케이션에 필요한 지식을 커뮤니케이션할 수 있는 수준으로 익혀야 합니다.

이 책은 IT 산업에서 개발자와 일하는 비전공자를 위한 'IT 기초 문법서'로, 일하면서 한 번쯤 들어봤을 프로그래밍 언어, 운영체제, 네트워크, API, JSON, 데이터베이스, 이미지 처리, 프레임워크, 라이브러리, 깃(Git), 디자인 이슈 등 다양한 지식을 담고 있습니다.

복잡하게 얽혀 있어 한 번에 이해하기 어려웠던 각각의 지식들을 우리에게 친숙한 이야기로 쉽게 풀어 냄으로써 IT 산업의 전체적인 큰 그림을 그릴 수 있도록 도와줍니다.

안녕하세요, 최원영입니다.

2012년 처음 창업에 도전했습니다. 당시 개발에 대한 지식이 전혀 없는 경영학과 출신의 기획자였기에 많은 시행착오를 겪어야 했죠. 그래서 아예 개발을 공부하기로 마음을 먹었습니다. 이후 좋은 계기로 NHN NEXT라는 학교에 들어가게 되었고, 훌륭한 교수님과 동기들을 만나 개발자로서의 역량을 쌓게 됩니다.

어느 정도 공부하고 나서는 '비전공자를 위한 이해할 수 있는 IT 지식'이라는 강의를 열었습니다. 현장에서 직접 일하며 느낀 'IT 필수 지식'을 비전공자가 알아야 하는 수준으로 압축해서 강의에 담았죠. 이후 수천 명의 수강생을 대상으로 수백 번의 강의를 진행했습니다. 수강생들의 질문과 피드백을 바탕으로 강의를 계속 발전시켜 나갔고, 그렇게 단단하게 만들어진 강의의 모든 내용을 이 책에 담았습니다. IT 지식이 부족해 현업에서 답답함을 느끼고 있는 모든 분들께 큰 도움이 될 것이라 생각합니다.

*깊(gipp.co.kr)이라는 서비스에 제 강의가 오픈 되어 있습니다. 책으로 기초지식을 배우고, 강의를 통해 더 깊이 있는 지식을 쌓아보세요.

IT 시대의 필수 교양서

우리는 매일 스마트폰으로 메시지를 보내고, 컴퓨터로 일을 합니다. 또 음식점에서 키오스크로 주문하고, 가상현실에서 게임을 즐깁니다. IT는 더 이상 전문가들만의 이야기가 아닙니다. 우리의 삶 곳곳을 IT가 점령하고 있고, 그 속도는 계속해서 빨라지고 있습니다. 이제 IT를 모르고선 세상을 이해하기 어려운 시대가 되었습니다.

그렇다고 모두 개발자가 될 필요는 없습니다. 하지만 적어도 개발자와 대화는 할 수 있어야 합니다. 그러려면 IT 세상의 큰 그림을 그릴 수 있어야겠죠. 이 책이 여러분과 IT 세상 사이의 연결점이 될 수 있길 희망합니다.

마지막으로 책을 통해 더 많은 분들과 만날 수 있게 도와주신 자몽 대표님, 부족한 글을 깔끔하게 다듬어 주신 신슬아, 신미선 편집자님, 책을 보기 좋게 디자인해 주신 윤지은 디자이너님께 감사의 말씀을 전합니다.

목차

1장 오리엔테이션

2장 프로그래밍 언어 & 운영체제(OS)

목차

페이스북에 [IT 회사에서 일하는 비전공자 모임] 커뮤니티를 만들었습니다.
새롭게 추가되는 IT 정보를 빠르게 만나보실 수 있습니다.

인터넷 주소 https://www.facebook.com/groups/understand.development

1장

오리엔테이션

왜 자꾸 파이썬(Python)을 배우라고 하는 거죠?
(feat. C 언어, 자바(JAVA)를 배워봐)

2012년 처음 창업에 도전했습니다. 대학을 갓 졸업해서 의지와 열정만 충만했죠. 의지와 열정 외에는 아무것도 없었습니다. IT는커녕 기획자가 뭘 해야 하는지도 모르는 초보였습니다. 그 상태로 개발자(프로그래머)와 디자이너를 영입해 개발(프로그래밍)과 디자인을 부탁했죠.[1]

당시 만들고자 했던 서비스는 '캘린더'입니다. 지금이야 구글 캘린더를 포함한 많은 캘린더에서 일정을 공유할 수 있지만, 당시에는 일정 공유 기능이 있는 캘린더가 드물었습니다. '이거다!' 싶어서 제가 만들려는 캘린더에 대해

---

[1] '개발자'나 '개발'이라는 용어는 다양한 산업에서 사용합니다. IT 분야에서도 역시 예외가 아닌데요, 이 책에서의 '개발자'는 '프로그래머'를 의미하고, '개발'은 '프로그래밍'을 의미합니다.

개발자와 많은 이야기를 나누었습니다.

> 기획: "○○ 씨, 일정이 공유될 때 유형(종류)에 따라 컬러가 표시되는
> 게 필요할 것 같아요."
> 개발: "아 그럼 지금은 컬러값이 DB에 없어서, 테이블을 좀 바꿔야 할
> 것 같아요."

우선 저는 저 이야기가 무슨 말인지 몰랐습니다. DB도 뭔지 모르겠고, 테이블도 뭔지 모르겠더라고요. 다만 저 이야기를 듣고 제가 생각했던 건, '아… 되는구나! 안 된다는 말은 아니구나.' 였습니다. 그리고 시간이 흘러서, 제가 생각할 때에는 지난번과 비슷하게 보이는 기획을 이야기했습니다.

> 기획: "○○ 씨, 그 컬러를 사용자가 수정할 수 있게 해야 할 것 같아요!
> 이 부분 좀 급해요!"

그런데 전혀 다른 반응이 나왔습니다.

> 개발: "아… 그럼 좀 복잡한데… 급하면 우선 컬러 정보를 클라에 두
> 고, 나중에 서버랑 DB 작업해도 되나요? 지금 테이블 다 바꾸려
> 면 너무 오래 걸려요."

마찬가지로 이번에도 무슨 말인지 못 알아들었습니다. 다만 저번에는 DB, 테이블 이야기를 하면서 된다는 뉘앙스로 얘기하더니, 이번에는 똑같이 DB, 테이블을 얘기하면서 안 된다는 뉘앙스로 얘기해서 혼란스러웠죠. 더 큰 문제는 "그래서 ○○한 방식으로 하자"라는 개발자의 제안도 이해가 안 되는 겁니다. "그러자", "안 된다" 대답할 수가 없었죠.

이럴 때 우리는 두 가지 고민을 하게 됩니다. 첫 번째는 "도대체 저 말이 무슨 말이야?"라는 고민입니다. 두 번째는 "그래서 저 말을 이해하려면, 개발을 얼마나 알아야 하는 거야?"라는 고민이죠. 이런 고민을 선배들에게, 혹은 개발자에게 이야기하면 다음과 같은 대답을 듣습니다.

"C 언어부터 배워봐. 컴퓨터를 이해하는 데 좋아."

"자바(JAVA)부터 배워봐. 써먹을 곳이 많아."

"아냐 파이썬(Python)부터 배워봐. 그게 쉬워."

당시 저는 무엇이 정답인지 판단할 충분한 지식이 없었습니다. 그렇다고 조언대로 C 언어를 배우자니 그건 너무 무서운 일이었습니다.

'이미 4년을 열심히 공부한 사람들을 내가 이길 수 있을까?'

'나는 단지 기획을 하고 싶은 건데, 개발을 꼭 알아야 하나?'

'개발자가 되고 싶진 않은데….'

이런 생각들이 꼬리를 물었죠. 그래서 처음에는 정부 지원 사업의 일환인 IT 교육에 참가해보기로 했습니다. 그곳에서 안드로이드를 공부했죠. 그런데 기초도 모르는 제가, 안드로이드 공부를 할 수 있을 리가 없었습니다. 중간 이후부터는 아무리 노력해도 무슨 말인지 이해하지 못했습니다. 그러다 보니 점점 질문이 줄어들고, 이해를 포기하게 되었죠.

안 되겠다 싶어서 이번엔 다짜고짜 모르는 단어의 정의를 인터넷에서 찾아서 프린트를 했습니다. 인터넷에는 많은 자료가 있기에 찾으려는 용어는 금방 발견할 수 있었습니다.

'테이블(데이터베이스): 관계형 데이터베이스와 플랫 파일 데이터베이스에서 테이블(table)은 세로줄과 가로줄의 모델을 이용하여 정렬된 데이터

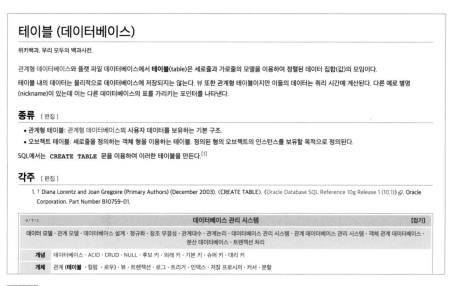

그림 1-1 ▶ 테이블 설명   출처: 위키백과

집합(값)의 모임이다.'

그런데 도대체 무슨 말일까요? '세로줄', '가로줄', '모델', '데이터 집합'…
한글로 적혀 있는데 이해할 순 없습니다.

'모르는 용어들의 링크를 따라 들어가서 읽어보면 어떨까?'

이렇게 생각하고 '관계형 데이터베이스' 링크를 클릭해봅니다.

'관계형 데이터베이스: 관계형 데이터베이스(關係形 Database, Relational
Database, 문화어: 관계자료기지, 관계형자료기지, RDB)는 키(key)와 값(value)들
의 간단한 관계를 테이블화 시킨 매우 간단한 원칙의 전산정보 데이터
베이스이다. 1970년 에드거 F. 커드가 제안한 데이터 관계형 모델에 기
초하는 디지털 데이터베이스이다.'

이 방법이 제가 공부했던 방법입니다. 프린트해서 읽다가 모르는 게 나오면
검색해서 다시 프린트했습니다. 그렇게 A4용지 약 300페이지 정도를 쌓아놓
고 읽고 또 읽었습니다. 그럼 답이 나올 것 같았습니다. 지금 생각해보면 바다
를 이해하겠다고 서해안을 돌아다니며 바닷물을 마시고 있었던 셈입니다.
　이대로는 안 되겠다 싶었습니다. 그래서 아예 개발의 세상으로 들어갔습니
다. 자바부터 공부했죠. C 언어를 배우라는 얘기도 있었는데, 안드로이드에서

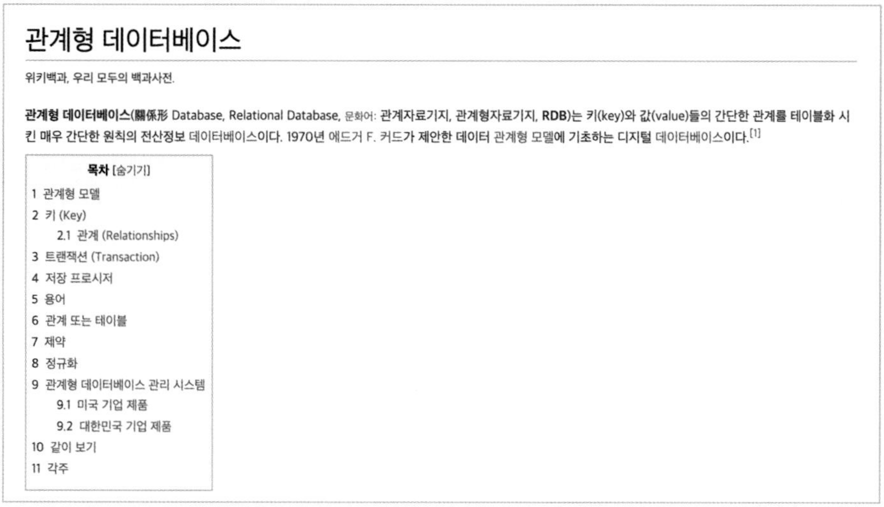
관계형 데이터베이스

위키백과, 우리 모두의 백과사전.

관계형 데이터베이스(關係形 Database, Relational Database, 문화어: 관계자료기지, 관계형자료기지, RDB)는 키(key)와 값(value)들의 간단한 관계를 테이블화 시킨 매우 간단한 원칙의 전산정보 데이터베이스이다. 1970년 에드거 F. 커드가 제안한 데이터 관계형 모델에 기초하는 디지털 데이터베이스이다.[1]

목차 [숨기기]

1 관계형 모델
2 키 (Key)
2.1 관계 (Relationships)
3 트랜잭션 (Transaction)
4 저장 프로시저
5 용어
6 관계 또는 테이블
7 제약
8 정규화
9 관계형 데이터베이스 관리 시스템
9.1 미국 기업 제품
9.2 대한민국 기업 제품
10 같이 보기
11 각주

그림 1-2 관계형 데이터베이스 설명 출처: 위키백과

는 자바를 쓰니 자바만 보고 공부를 끝내려고 했습니다. 처음에는 깊게 공부하려는 생각이 없었는데 놀랍게도 하다 보니 재밌고 적성에 맞았습니다. 공부를 시작한 이후 처음으로 작은 안드로이드 앱을 하나 만들었습니다. 저 혼자 쓸 명함 앱이었습니다. 무식하면 용감하다고 그 잘못된 코드로 돌아가는 앱을 주변에 얼마나 자랑했는지 모릅니다. 자바를 어느 정도 공부하니 이제 웹이 궁금했습니다. 자바로는 할 수 없더군요. 그래서 HTML, CSS를 공부했습니다. 쉽다고 소문난 PHP도 공부했죠. 공부하고 보니 자바로도 서버를 만들 수 있다는 걸 알게 됐습니다. 그래서 JSP(JavaServer Pages)를 공부하고, JavaScript를 공부했죠. 이후 연결을 위해 Ajax를 공부했습니다. 그러나 혼자 공부하는 건 한계가 있었고, 좋은 계기로 NHN NEXT라는 학교에 들어가게 됩니다. 이 학교에서 정말 재밌게 C 언어부터 자바, 웹, 안드로이드, 데이터베이스(Database),

서버(Server), iOS까지 배우고 나왔습니다.

지금 '뭐라는 거지?'라는 생각이 드신다면 알맞은 책을 선택하신 겁니다. 이 책을 다 읽고 나시면 제가 어떤 공부를 했는지 이해되실 겁니다.

가장 먼저 알아야 할 지식은 '프로그래밍 언어'가 아닙니다

개발을 공부한 뒤, 기획자와 개발자로 일을 시작했습니다. 현직에 있으면서 과연 비전공자가 IT 산업에서 일하기 위해 "C 언어, 자바, 파이썬"을 배워야 할지 다시 생각하게 되었습니다. 제 결론은 "아니다"였습니다. 그런데 왜 세상은 IT 산업에 종사하는 비전공자들에게 개발 공부를 강요할까요?

기획자를 살펴보죠. IT 기획자는 많은 일을 합니다. 스토리보드, 와이어 프레임[2]을 짜는 건 기본이고, 회사 내부 혹은 외부의 사람들과 시도 때도 없이 메일을 주고받습니다. 어떤 때는 발표를 하기도 하고, 디자이너와 개발자 사이에서 다툼을 조율하거나, 기획이 부실하다며 돌을 맞습니다. 이렇게 하루가 지나

---

2 애플리케이션이나 웹 페이지가 어떻게 구성되는지, 어떻게 동작하는지 기획한 문서를 의미합니다.

고 나면 이런 생각이 듭니다.

"개발을 공부해야 하는 건가?"
"나는 기획 실력이 부족한 건가?"

비전공자가 이 생각을 하는 건 어찌 보면 당연합니다. IT 산업은 다른 산업과 다르게 변화의 사이클이 엄청나게 빠르기 때문입니다. 농업과 비교해볼까요? 인류가 농사에 동물을 이용한 건 정말 큰 변화입니다. 그리고 기계가 등장한 것도 어마어마한 변화이죠. 다만 이러한 변화가 일어나기까지 매우 오랜 시간이 걸렸습니다. 변화의 사이클이 수백 년, 아니 천년 이상으로 굉장히 길었죠. 하지만 IT 산업은 6개월 뒤의 모습만 예측할 수 있어도 대박이 난다고 이야기할만큼 변화의 속도가 너무나도 빠릅니다. 따라서 IT 산업은 서비스가 만들어지는 과정 역시 다른 산업과 완전히 다릅니다.

만약 IT 산업에서 자동차를 만들고 싶다면, 자동차의 완벽한 기획에서 출발해선 안 됩니다. 왜냐하면 지금 떠올린 자동차의 모습이 6개월, 1년 뒤에도 완벽한 자동차의 모습이라고 장담할 수 없으니까요.

그래서 처음에는 이동수단이라는 '핵심기능'에 중점을 두어서 스케이트보드 형태의 자동차를 만듭니다. 이후 꼭 필요한 기능들을 붙여서 킥보드 형태로 발전시켜 나가죠. 시간이 지날수록 새로운 기술과 기능들이 탄생하게 되고, 이러한 것들을 차차 반영하여 자동차의 모습으로 만들어 나갑니다. IT 산업에서는 이런 식으로 점진적 발전만 있을 뿐입니다. 변화의 속도가 빠르기 때문에 처음부터 완성된 형태를 정해놓고 만드는 것은 위험한 일입니다.

대체로 다른 산업은 A~Z까지 정해진 완벽한 프로세스가 있습니다. 그 프로세스만 잘 따라가면 어려울 일이 없습니다. 하지만 IT 서비스는 그렇지 않습니다. 완벽한 프로세스가 없고, 고객의 니즈와 회사의 사정에 맞춰 그때그때 서비스가 계속 '발전'되어 나갑니다. 서비스가 발전하는 이 흐름이 바로 기획입니다. 그래서 기획자는 항상 고객을 포함한 모든 서비스 구성원들과 대화를 해야 합니다.

"이 부분이 빠졌는데, 어떻게 하죠?"

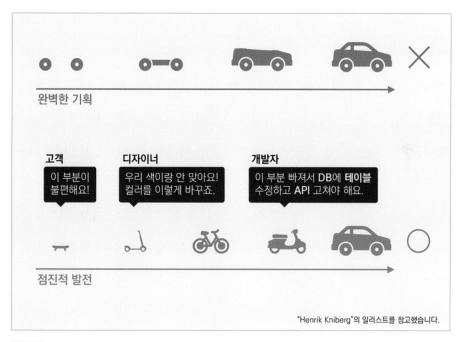

그림 1-3 IT 산업의 서비스 발전 모습

"여기는 불편해요. 검색할 수 있게 해줄 순 없나요?"

"우리 컨셉에 이 기획은 맞지 않는 것 같아요. 이렇게 하면 어떨까요?"

이런 질문들에 기획자는 하나하나 적절한 판단과 답변을 해줘야 합니다. 그래야 점진적 발전이 이뤄집니다.

따라서 다시 생각해볼 필요가 있습니다. IT 산업에서 일하는 기획자에게 가장 먼저 필요한 건 '파이썬'이나 '자바'가 아닙니다. 바로 '커뮤니케이션'입니다. 모든 구성원과 원활하게 대화할 수 있어야 합니다. 다행히 디자이너나 고객과는 관련 지식이 조금 부족해도 어느 정도 대화가 가능합니다. 왜 검색창이 없는지, 우리 브랜드의 컬러가 무엇인지, 어떻게 바꿔야 하는지 대화할 수 있습니다. 하지만 개발 관련 지식이 없으면 개발자와 대화할 수 없습니다. 대화하지 못하면 판단할 수 없고, 서비스를 발전시킬 수 없습니다. 그래서 '커뮤니케이션을 위한 IT 지식'을 공부해야 합니다. 사실 이 이야기는 기획자에게만 해당되는 얘기가 아닙니다. IT 기업에서 일하는 사람이라면 어떤 식으로든 개발자와 대화할 수밖에 없습니다. 마케터부터 디자이너 심지어 창업자까지 모든 구성원에게 해당되는 이야기입니다.

이 책은 "커뮤니케이션을 위한 큰 그림"에 중심을 맞추고 있습니다. 지금 여러분이 "뭘 모르고 있는지"를 누구나 이해할 수 있는 수준으로, 쉽게 알려드립니다.

다음은 기획자와 개발자가 나누는 흔한 대화입니다.

기획: "혹시 저번에 말씀드린 아이콘 수정은 언제까지 될까요?"

개발자에게 "언제까지 될까요?"라는 질문은 항상 어렵습니다. 여러분이 어떤 물건이든 고쳐주는 '현대판 대장간'을 운영한다고 상상해보세요. 어느 날 한 손님이 자전거를 가져와서 붙어 있는 스티커를 바꿔 달라고 합니다. 기존 스티커를 떼고, 새로운 스티커를 붙이면 되는 간단한 작업입니다. 그런데 막상 작업을 해 보니 스티커가 깨끗하게 떼어지지 않습니다. 처음에는 이 사실을 모른 채 손님에게 10분이면 끝날 것이라고 말했지만 실제 작업은 1시간이나 걸렸습니다. 손님은 "뭐야. 10분은 개뿔…"이라고 생각하겠죠. 하지만 여러분도 억울합니다. 진짜 10분일 줄 알았거든요.

또 어느 날은 낡은 오디오를 들고 한 손님이 찾아왔습니다. 겉만 봐서는 어디가 어떻게 고장 났는지 모르겠습니다. 뜯어보고 분석을 해봐야 수리 시간을 알 수 있겠죠. 이 상황에서 만약 손님이 언제쯤 받아볼 수 있는지 물어본다면 여러분은 뭐라고 답하실 건가요? 제가 들어본 재미있는 답변 중 하나는 '빠르면 1주일 늦으면 2주'였습니다. 사실 '진짜 빠르면 하루, 아무리 늦어도 2주'일 겁니다. '고장 난 오디오를 뜯어 봤는데 먼지만 청소하니 돌아갔다더라.'인 상황도 있을 테니까요. 이제 "언제까지 될까요?"라는 질문에 대한 대답이 매우 다양할 수 있다는 것을 이해하셨을 겁니다.

이번에는 '현대판 대장간'에서 여러 명이 협업으로 일을 하는 경우를 생각해봅시다. 여러분은 '부품' 담당이며, '엔진' 담당인 A 씨와 함께 일하고 있습니다. 한 손님이 자동차를 고쳐달라고 왔습니다. 살펴보니 특정 부품을 바꾸고,

엔진도 손봐야 합니다. 부품 담당인 여러분이 먼저 작업을 시작해 거의 끝나가는 상황입니다. 마무리하려면 '엔진' 담당 A 씨가 나머지를 완성해야 합니다. 하지만 A 씨는 아직 작업을 시작하지 못했습니다. 이때 접수하는 직원이 와서 물어봅니다. "고객님이 자꾸 물어보는데, 언제까지 될까요?" 사실 여러분 작업은 거의 끝났습니다. 엔진 담당 A 씨의 작업이 얼마나 걸릴지만 알아내면 되죠. 다시 IT 세상으로 돌아가 봅시다. 이런 상황에서 '부품' 담당, 즉 개발자는 아마 이런 말을 할 것입니다.

> 개발: "아 그게 서버에서 이미지 URL을 보내줘야 하는데, API가 미완
> 성인 것 같아요. JSON에 아이콘 URL만 빠져있네요…."
> "클라는 URL이 안 오면 기본값이 뜨게 해놨어요. 근데 제가 임
> 의로 만들어서 좀 이상하게 보일 겁니다."

개발자가 무슨 이야기를 하는지 이해가 어려운 여러분들은 이런 생각이 듭니다.

'그래서 끝났다는 건가? 나는 언제까지 되느냐고 물어봤는데 뭐라는 거야?'

처음에는 어려워 보이지만, 이런 개발자의 말을 이해할 수 있어야 원활한 커뮤니케이션이 가능해집니다. 개발자의 말이 이해된다면, 그때부터 여러분은

훨씬 질 높은 커뮤니케이션을 할 수 있습니다.

> 기획: "아 그럼 클라는 거의 끝났네요. 서버 개발자분이랑 얘기해볼게요."
> "더불어 디자이너분이랑 얘기해서 기본 아이콘을 하나 정해드릴
> 게요. 바꾸고 나면 바로 심사 신청 해주세요."

여기서 인용한 개발자의 대화는 책을 진행하며 계속 다시 언급할 예정입니다. 책이 끝날 때쯤 여러분은 방금 개발자가 한 말이 무슨 뜻인지 확실히 이해할 수 있을 겁니다.

개발자의 말을 이해하기 위해서는 IT 세상의 용어들을 정리해야 합니다. 그런데 IT 세상은 변화가 너무 빠릅니다. 6개월에 하나씩 새로운 기술과 트렌드가 등장합니다. 이렇게 변화가 빠른 IT 세상에서, 작은 용어들만 정리해서는 큰 그림을 그릴 수 없습니다. 바다를 이해하려면 먼저 동해, 서해, 남해, 태평양, 지중해 등 큰 바다 구역으로 구분해야 합니다. 그래야 '이노이아 해'라는 작은 바다는 '지중해'에 속한다는 정리가 가능해집니다.

다음 장부터 IT 세상의 용어를 카테고리로 분류해(상위 카테고리, 직군에 따른 분류) 설명할 예정입니다. 이렇게 용어들을 구분할 수 있게 되면, 나중에 '레드햇(Red Hat)'이라는 용어를 들었을 때 "아! 운영체제(OS)의 종류구나"라고 이해할 수 있게 됩니다.

[그림1-5]는 앞으로 다룰 주제들이 정리된 그림입니다.

먼저 개발자가 무슨 일을 하는 사람인지 이야기합니다. 이를 알기 위한 핵

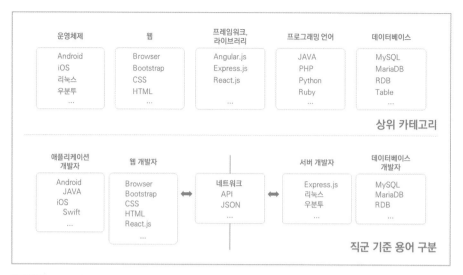

운영체제	웹	프레임워크, 라이브러리	프로그래밍 언어	데이터베이스
Android iOS 리눅스 우분투 ...	Browser Bootstrap CSS HTML ...	Angular.js Express.js React.js ...	JAVA PHP Python Ruby ...	MySQL MariaDB RDB Table ...

상위 카테고리

애플리케이션 개발자	웹 개발자		서버 개발자	데이터베이스 개발자
Android JAVA iOS Swift ...	Browser Bootstrap CSS HTML React.js ...	네트워크 API JSON ...	Express.js 리눅스 우분투 ...	MySQL MariaDB RDB ...

직군 기준 용어 구분

그림 1-4 상위 카테고리 및 직군별 용어 구분

심 주제인 '프로그래밍 언어'와 '운영체제'를 함께 공부합니다.

또 네트워크를 중심으로 개발자를 프론트 엔드와 백 엔드로 구분하고, 그 둘 사이의 경계점인 API에 대해서 공부합니다. 프론트 엔드 사이드의 양 축인 애플리케이션과 웹, 백 엔드 사이드의 핵심 주제인 서버와 데이터베이스를 살펴보고 이미지는 어떻게 처리되는지 알아봅니다.

마지막으로 개발자들의 도구인 '프레임워크와 라이브러리'를 살펴보고 요즘 핫한 깃(Git)은 무엇인지, 디자이너와 개발자 사이에는 어떤 이슈가 있는지 알아보겠습니다.

이 모든 용어를 처음부터 끝까지 어렵지 않게, 유치원생들도 이해할 수 있도록 설명해보겠습니다. 그럼 프로그래밍 언어부터 시작해보죠.

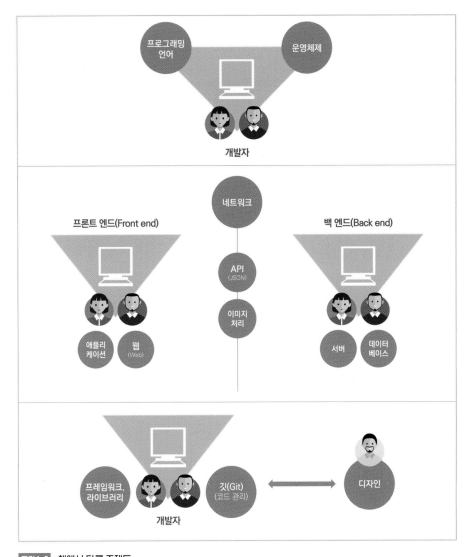

그림 1-5 책에서 다룰 주제들

2장

프로그래밍 언어 & 운영체제(OS)

프로그래밍 언어가 '언어'라고?
(못 알아듣겠는데…)

초록 외계인이 컴퓨터 앞에 앉아 있습니다. 외계인은 타닥타닥 소리를 내며 키보드를 두드리고 있습니다. 자주 인상을 찌푸리고 고민을 합니다. 가끔 아주 밝은 미소를 짓다가, 이내 한숨을 내쉽니다.

개발자를 한번 떠올려보세요. 우리가 초록 외계인을 바라보는 시선이 바로 개발자를 바라보는 비전공자의 시선입니다. 2장에서는 개발자가 무슨 일을 하는 사람인지 아주 쉽게 말해보려 합니다.

여기 한국인과 아랍인이 있습니다. 둘은 서로의 언어를 모르기 때문에 말이 통하지 않죠. 이 상황에서 한국인이 아랍인에게 무언가를 부탁하려면 어떻게 해야 할까요? 직접 아랍어를 배울 수도 있습니다. 하지만 그건 너무 시간이 오래 걸립니다. 가장 쉬운 방법은 중간에 '아랍어를 할 줄 아는 한국인 친구'가

한국인과 아랍인의 의사소통

있으면 됩니다. 친구한테 말을 전해달라고 부탁하면 되겠죠.

앞의 한국인과 아랍인이 의사소통하는 모습은 사람과 컴퓨터의 모습과 비슷합니다. 컴퓨터는 0과 1로 이루어진 기계어를 씁니다. 인간은 인간의 언어를 사용하기 때문에 둘은 말이 통하지 않습니다. 하지만 인간은 오류 없이 입력한 대로 정확하게 계산해내는 컴퓨터에게 일을 시키고 싶었습니다. 따라서 인간은 앞의 예시와 같은 방식으로 이 상황을 극복합니다.

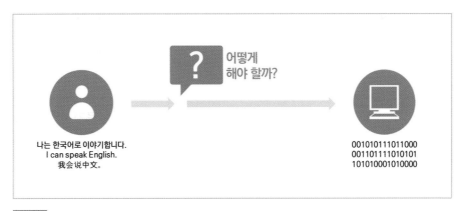

그림 2-2 인간과 컴퓨터의 사용 언어

인간은 컴퓨터와 인간 중간에 컴파일러라는 프로그램을 만듭니다. 의사소통이 안 되는 한국인과 아랍인 사이에서 '친구'가 한국어를 아랍어로 전달해줬던 것처럼, 의사소통이 안 되는 인간과 컴퓨터 사이에는 '컴파일러'가 있어서 인간의 요구를 컴퓨터에게 전달해줍니다. 개발자는 컴파일러에게 문서로 일을 시키는 사람입니다. 자바(JAVA), 파이썬(Python), 루비(Ruby), 스위프트(Swift) 등 영어로 되어 있는 프로그래밍 언어를 사용해 컴파일러에게 명령을 전달하면, 컴파일러가 그 명령을 기계어인 0과 1로 변환해 컴퓨터에게 전달을 하는 방식입니다.

비유를 들어 이야기해보죠. 여러분이 돈을 모아 카페를 차렸다고 가정해봅니다. 그리고 "아이스크림 머신", "커피 머신" 처럼 필요한 기계를 배치해두었습니다. 다행히 카페 장사가 너무 잘 돼서 여러분은 아르바이트생을 고용하기

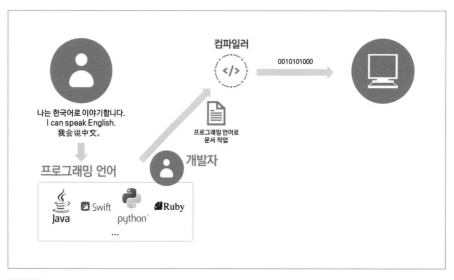

그림 2-3 ▶ 프로그래밍 언어와 컴파일러

로 했습니다. 곧 아르바이트생에게 다음과 같은 "할 일 문서"를 줍니다.

1. 손님이 오면 인사를 한다.

2. 손님이 주문대 앞으로 오면 주문을 받는다.

3. 만약 손님이 아메리카노를 시키면?

    a. 원두를 넣는다.

    b. 원두를 분쇄한다.

    c. … 등등

4. 만약 손님이 아이스크림을 시키면?

    a. 작동을 확인하고, 아이스크림이 나오는 입구에 콘을 놓는다

    b. 천천히 아이스크림을 빼면서 모양을 잡는다.

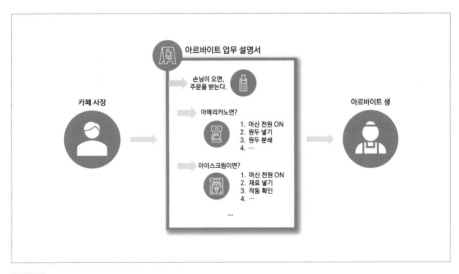

그림 2-4 카페 아르바이트 업무 설명서

c. … 등등

아르바이트생은 이 문서를 보고 그대로 행동합니다. 이게 개발자가 컴퓨터에게 일을 시키는 방식입니다. 개발자는 컴퓨터가 해야 하는 일에 대한 문서를 작성합니다. 자 이제 구체적으로 개발자가 무슨 일을 시키는지 알아봅니다.

개발자는 앉아서 뭐 하는 거지?
(뭔가 치긴 치는데…)

개발자는 컴퓨터에게 아래와 같이 일을 시킵니다.

"사용자가 들어왔어? 스플레쉬 스크린을 띄워서 인사를 해!"

"사용자가 기존에 로그인을 안 한 상태라면, 로그인 화면으로 빼."

"로그인을 했으면 메인 화면을 띄워."

"메인 화면은 A이고, 나머지는 탭으로 만들어."

"만약 사용자가 B 버튼을 누르면 어떻게 하고, 메시지가 오면 어떻게 하고…"

이 모든 과정을 프로그래밍 언어로 적습니다. 프로그래밍 언어로 문서 작업

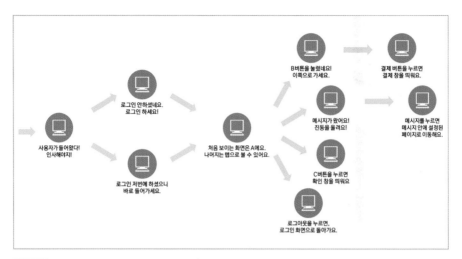

그림 2-5 개발자가 컴퓨터에게 시키는 업무 예시

하는 행동을 '프로그래밍 혹은 코딩[1]'이라고 합니다. 컴파일러는 코딩한 문서를 0과 1로 바꿔서 컴퓨터에게 전달해줍니다. 컴퓨터는 그대로 행동합니다.

완성된 문서는 [그림2-6]과 같이 우리가 읽을 수 있는 "영어"로 되어 있습니다. 'function'은 '함수'이고, 'true'는 '참'이죠. 물론 비전공자가 보면 '저게 뭐지…'라는 생각이 듭니다. 하지만 저 문장들이 모두 0과 1로 구성되어 있다고 생각해보세요. 끔찍합니다. 0과 1로만 문서를 적는다면 하나의 소프트웨어를 만들 때 정말 많은 시간이 들어갈 것입니다.

그런데 어떻게 프로그래머는 저 모든 단어와 기호를 술술 적을 수 있을까요? 그 이유는 어떤 프로그램이 작업을 도와주기 때문입니다. 이 프로그램에

---

1 엄밀하게 얘기하면 코딩은 프로그래밍의 하위 개념입니다. 하지만 현업에서는 이 둘을 혼용하여 사용합니다. 특별한 경우가 아니라면 '프로그래밍'과 '코딩'의 개념을 나눌 필요는 없습니다.

그림 2-6 ▶ 프로그래밍 언어 예시

는 앞의 몇 글자만 치면 자주 쓰이는 문장을 추천해주거나, 코드가 아니라 그림으로 작업할 수 있게 해주는 등 개발자들의 작업을 도와주는 기능들이 들어가 있습니다. 이런 프로그램들을 IDE(Integrated Development Environment), 즉, 통합 개발 환경이라고 부릅니다. 쉽게 말해 개발을 하기 위한 모든 것들을 제공해주는 환경이라고 보시면 됩니다. 예를 들어 볼게요. 우리는 '워드프로세서' 혹은 '한글과 컴퓨터'라는 프로그램에서 문서 작업을 합니다. 그 프로그램들은 '표 만들기', '글씨 음영', '자간 및 장평 조절' 등 문서 작업을 위한 기능들을 지니고 있습니다. 우리는 그 기능들을 활용해서 원하는 문서를 쉽게 만들 수 있죠. IDE도 같습니다. 코딩에 필요한 다양한 기능들이 들어있고, 그 기능들을 통해 쉽게 코드를 만들 수 있습니다.

IDE(통합 개발 환경)

Android Studio   안드로이드 애플리케이션 개발 용도

Xcode   애플 운영 체제 위의 어플리케이션 개발 용도

Eclipse   C/C++ 개발, 자바 개발, 웹 개발 용도

PyCharm   파이썬 개발 용도

...

그림 2-7 ▶ 다양한 IDE

    안드로이드 위에 돌아가는 애플리케이션을 만들기 위해서는 안드로이드 스튜디오(Android Studio)라는 IDE를 사용합니다. 아이폰, 아이패드, 맥북 등 애플 기기의 앱을 만들기 위해서는 엑스코드(Xcode)라는 IDE를 사용합니다. 이렇듯 IDE는 대부분 어떤 분야에 특화되어 있습니다(물론 특정 IDE는 여러 언어, 여러 분야를 지원하기도 합니다).

    그런데 프로그래밍 언어가 컴퓨터에게 일을 시키기 위한 것이라면, 왜 프로그래밍 언어의 종류는 이렇게 다양할까요? 만약 프로그래밍 언어가 단 하나만 존재한다면, 여러 언어를 공부하지 않아도 되니 아주 편하지 않을까요?

뭐가 이렇게 많아?
(C 언어, 자바, 파이썬… 등)

프로그래밍 언어가 다양해진 이유는 사람들의 생각이 모두 달라서 그렇습니다. 상상해보세요. 어느 날 어떤 천재가 컴퓨터에게 일을 시킬 수 있는 'A 언어'를 만들어냅니다. 그리고 'A 언어'를 0과 1(기계어)로 바꿔주는 'A 컴파일러'를 만든 다음 사람들에게 얘기하죠.

"여러분! 제가 A 언어를 만들었어요! 한번 써보세요!"

비슷한 시기에 또 다른 천재가 'B 언어'와 'B 컴파일러'를 만들어냅니다. 또 다른 천재가 'C 언어'와 'C 컴파일러'를 만들어냅니다. 그리고 모두 이야기하죠.

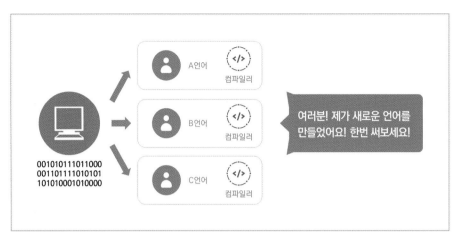

그림 2-8 프로그래밍 언어가 많아진 이유 1

"여러분, 제가 새로운 언어를 만들었어요. 좋은 언어라 속도도 빠르고, 배우기도 쉬워요!"

이제 사람들이 이 서로 다른 언어들을 써보고 이야기합니다.

"와… 내가 A 언어를 써봤는데 진짜 빠르고 좋더라!"
"야, 아니야. 내가 A랑 B랑 다 써봤는데, B가 더 빨라."
"그런데 A랑 B보다 C가 더 편하던데? A는 특히 너무 어려워."

이런 대화는 지금까지도 사람들 입에 오르내리는 대화들입니다. 스위프트 (Swift) 언어의 장점은 뭐고, 단점은 무엇인지, Objective-C라는 언어보다 무엇이 좋고, 무엇이 안 좋은지 등등 사람들은 언어의 좋은 점과 나쁜 점에 관해

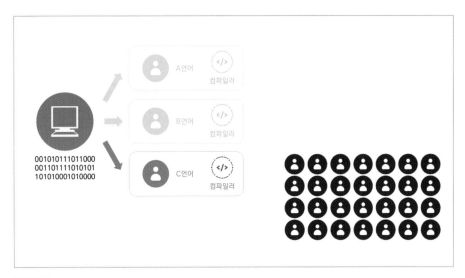

그림 2-9 ─ 프로그래밍 언어가 많아진 이유 2

서 이야기합니다. 그리고 각자 어떤 언어를 사용할지 선택합니다.

많은 사람이 선택한 언어는 살아남습니다. 선택되지 않은 언어는 점차 사라집니다. 지금도 세계에서는 여러 언어가 사라지고, 또 새로 만들어지고 있습니다. 그렇게 언어의 종류가 늘어난 것이죠.

개발자들은 기존의 것을 발전시키거나 새로운 것을 만들기 좋아합니다. 앞서 설명한 A, B, C 언어는 실제 존재하는 프로그래밍 언어의 이름입니다. 실제로 C 언어는 많은 사람이 선택해 사용했으며, 이후 다양한 언어로 발전했습니다. C 언어가 발전해서 Objective-C, C++, 파이썬이 되었습니다. 발전한다는 말은 다양한 의미일 수 있지만, 보통은 사용하기 편해지는 방식으로 개선되는 것을 뜻합니다.

이런 프로그래밍 언어를 구분하는 하나의 기준이 있다면, 바로 '저수준'과

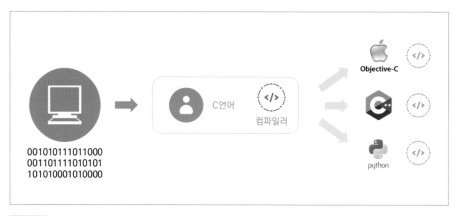

'고수준'입니다. '저수준'은 '컴퓨터 친화적인 언어'입니다. 고수준은 '인간 친화적인 언어'죠.

컴퓨터 친화적인 언어들은 배우기 쉽지 않습니다. 컴퓨터가 어떻게 일해야 하는지 구체적으로, 꼼꼼하게 적어줘야 하죠. 그렇지 않으면 오류가 자주 발생합니다. 대신 장점이 있습니다. 컴퓨터 입장에서는 구체적으로 적혀있으니 일하기 쉽습니다. 따라서 낮은 사양의 컴퓨터에서도 원활히 작동합니다.

반면, 인간 친화적인 언어들은 사람들이 학습하기 쉽습니다. 쓰기도 편리하고, 유지 보수도 저수준 언어에 비해 쉽습니다. 즉, 원래 컴퓨터에게 꼼꼼하게 설명해 줘야 할 부분들을 조금만 설명해 줘도 컴퓨터가 알아서 행동한다는 이야기입니다. 하지만 그만큼 컴퓨터가 더 많이 고민해야 하기 때문에 저수준 언어보다 작동이 느립니다. 따라서 고수준 언어는 컴퓨터의 사양에 따라 잘 작동할 수도, 그렇지 않을수도 있습니다.

비유를 들어 설명해볼게요. 카페에 아르바이트생을 고용했습니다. 이때 아르바이트생이 초보라면, 문서로 해야 할 일을 꼼꼼하게 적어줘야 합니다. 커피를 만들 때 원두는 어떻게 갈아야 하는지, 원두 가루는 어느 정도 넣어야 하는지 등을 세세하게 알려줘야 일을 할 수 있습니다. 하지만 경력직이라면 '손님이 계산을 하면 커피를 만든다'라고만 적어줘도 충분합니다. 알아서 원두를 갈고, 적당 수준의 가루를 넣어 커피를 잘 만들겠죠.

보통 3~4년에 한 번씩 컴퓨터를 교체하기 때문에, 우리가 쓰는 컴퓨터들은 사양이 아주 좋습니다. 따라서 우리 컴퓨터에 들어가는 소프트웨어들은 고수준의 언어로 만듭니다. 고수준 언어로 쓰인 문서를 읽어도 충분히 돌아갈 만큼 빠르니까요.

그럼 저수준 언어는 어디서 사용할까요? 요즘 컴퓨터는 다 빠른데, 왜 저수준 언어로 코딩을 할까요? 그 이유는 컴퓨터 사양을 낮추고 싶어서입니다. 그래야 컴퓨터 가격이 저렴해지니까요. 보통 다른 메인 기능이 있는 가전제품에 컴퓨터가 들어갈 때 저수준 언어를 사용합니다. IPTV를 생각해보세요. IPTV 설치비는 아주 저렴하거나 무료입니다. 대신 월 사용료를 받죠. IPTV 안에도 컴퓨터가 들어가는데, 문제는 컴퓨터의 가격입니다. 저렴하게 구매한다고 해도 30만 원은 줘야 합니다. 그런데 IPTV 설치비가 30만 원이라고 한다면 과연 사람들이 많이 사용할까요? 아마 그렇지 않겠죠. 소비자가 IPTV를 사용하면서 고급 '컴퓨터 기능'을 원하는 게 아니기 때문에 회사는 IPTV 셋톱박스에 들어가는 컴퓨터 사양을 낮춰서 가격을 떨어뜨려야 합니다. 이런 컴퓨터에서는 최대한 저수준 언어를 사용해야 하고요. 이러한 이유로 현실에서는 저수준부터 고수준까지 다양한 언어들이 사용되고 있습니다.

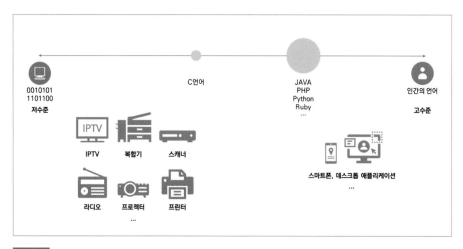

그림 2-11 저수준과 고수준 언어

컴퓨터 구매해보셨나요?
(컴퓨터의 구성 요소)

　컴퓨터를 조립해보신 경험이 있으시나요? 없다면, 구매할 때를 떠올려보세요. 아마 용량이나 속도를 많이 비교해보셨겠죠. 이런 이야기에 중심이 되는 부품들을 소개해볼까 합니다.

　먼저 CPU가 있습니다. CPU는 컴퓨터의 '머리' 역할을 합니다. 다음은 '메모리'입니다. 이 부품에 대한 설명은 잠시 뒤에 하도록 하겠습니다. 마지막으로 HDD(하드디스크), SSD라고 불리는 보조기억장치가 있습니다. 컴퓨터의 '창고' 역할을 합니다. 전원이 꺼져도 이 안의 데이터는 남아있죠. 이 부품들을 메인보드라고 하는 판에 끼웁니다. 여기에 전원을 붙이면 컴퓨터가 됩니다. 여러분도 이 부품들을 구매해서 메인보드에 끼우면 쉽게 조립 컴퓨터를 만들 수 있습니다. 물론 '호환'이 되는지 여부를 확인해야 하는데, 요즘은 부품간 호환 여

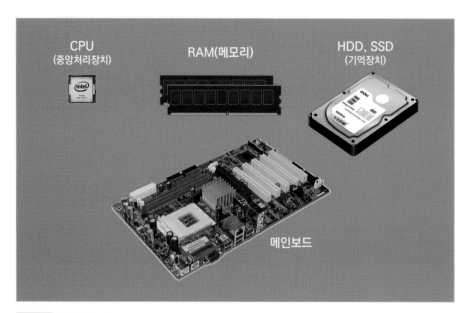

컴퓨터 부품들

부 또한 인터넷에서 잘 알려줍니다.

위에서 설명한 부품을 조금 더 자세히 살펴보겠습니다. CPU는 컴퓨터의 머리이고, 보조기억장치인 HDD와 SSD는 컴퓨터의 창고라고 볼 수 있습니다.

CPU는 따로 데이터를 저장하지 않기 때문에 데이터를 연산하거나 처리하려면 저장된 데이터를 CPU로 보내줘야 합니다. 이때 CPU는 창고 역할을 하는 기억장치인 HDD,SSD에 신호를 보냅니다.

CPU: '처리할 데이터를 줘!'

그런데 창고가 워낙 커서 필요한 데이터를 찾기까지 시간이 오래 걸립니다.

이처럼 보조기억장치는 CPU보다 속도가 매우 느리기 때문에 CPU와 보조기억장치가 같이 일을 하면 CPU가 보조기억장치를 계속 기다려야 하므로 속도가 하향 평준화가 됩니다. 사람들은 CPU와 보조기억장치가 같이 일하게 하면 안 되겠다고 생각했습니다.

그래서 '메모리'라는 CPU의 개인 작업 공간을 만들었습니다. 이제 CPU는 보조기억장치에 필요한 데이터를 그때그때 요청하지 않아도 됩니다. 작업이 필요한 큰 데이터 뭉치를 보조기억장치에서 메모리로 한 번 옮겨놓고 메모리 안에서만 작업하면 되니까요. 가끔 메모리에 큰 데이터 뭉치만 전달해주면 되기 때문에 시간이 크게 줄었습니다.

여기까지 들으면 이런 생각이 듭니다.

'음… 무슨 말인지는 알겠는데, 이게 뭐?'

이제 우리 삶 속에서 CPU, 메모리, 보조기억장치가 어떻게 일하는지 살펴보겠습니다. 포토샵을 예로 들어볼게요.

먼저 포토샵이 어디 저장되어 있는지 생각해봅시다. 윈도우(OS) 기준으로 'C 드라이브 - Program files - Adobe – Photoshop'에 포토샵 실행에 필요한 파일들이 있습니다. 보통 우리는 바탕화면에서 포토샵 아이콘을 '더블클릭' 하거나, '시작'을 눌러 포토샵 아이콘을 클릭합니다. 이 과정은 'Program files - Adobe - Photoshop' 안에 있는 포토샵 실행 파일의 '바로 가기'를 클릭한 겁니다. 결국 보조기억장치에 저장된 프로그램을 실행하는 것이죠. 실행

한다는 건 CPU가 일한다는 의미입니다.

하지만 그렇다고 포토샵이 바로 실행되지는 않습니다. 위 그림과 같은 로딩 화면이 뜨고 실행까지 한참 시간이 걸립니다. 특히 2010년도 즈음에는 컴퓨터 사양이 좋지 않아 더 많은 시간이 걸렸습니다. 이 과정에서 무슨 일이 벌어지고 있을까요? 보조기억장치에서 '실행에 필요한 데이터'가 메모리로 올라가고 있는 겁니다. 이 과정이 완료되면 포토샵이 실행됩니다. 이제 여러분이 포토샵에서 네모를 만들든, 색을 바꾸든 CPU가 메모리 위에서 빠르게 작업을 수행할 수 있게 됩니다. 프로그램은 이렇게 돌아갑니다.

5

우린 왜 이 이야기들이
낯설까?

사실 우리는 오늘 아침에도, 어제도, 한 달 전에도 CPU, 메모리, 보조기억
장치와 함께 프로그램을 썼습니다. 여러분이 스마트폰에서 애플리케이션을 실
행하든, PC에서 파워포인트나 엑셀을 실행하든 모두 이렇게 동작합니다. 그런
데 왜 이 이야기가 낯설까요?

프로그램을 실행할 때 '자! 이제 하드디스크의 3번 플래터에 접근해서, 포
토샵 데이터를 2번 메모리의 3번 구역에 올린 뒤 CPU에게 일을 시켜야지!'라
고 마음먹지 않습니다. 사실 이 모든 과정을 몰라도 프로그램을 사용하는 데는
아무 문제가 없습니다. 왜냐하면 '어떤 소프트웨어'가 이 모든 과정을 대신해
주기 때문입니다. 그 '어떤 소프트웨어'가 뭘까요?

바로 운영 체제(Operating System)입니다. 대표적으로 '윈도우', '맥 OS',

'iOS', '안드로이드(Android)'가 있죠. 윈도우와 맥 OS는 PC에서 많이 쓰이고, iOS와 안드로이드는 모바일에 특화되어 있습니다.

이 모든 운영체제는 우리 대신 하드웨어를 관리해줍니다. 하드웨어의 용량이 얼마나 있는지 확인할 수 있는 것도 운영체제가 보조기억장치(HDD,SSD)를 관리하고 있기 때문에 가능한 일입니다. 프로그램을 설치하는 것과 실행하는 것도 마찬가지입니다. 운영체제가 하드웨어를 컨트롤하고, CPU와 메모리 등을 관리해주기에 우리는 클릭 몇 번만으로 편하게 파워포인트를 실행하고 카카오톡을 설치할 수 있습니다.

그런데 위에서 언급한 4개의 운영체제 말고 다른 운영체제에서 카카오톡을 실행해 본 기억이 있나요? 아마 없으실 겁니다. 대부분의 사람이 이 4개의 운영체제를 사용합니다. 카카오톡 회사에서는 위 4개 운영체제에서 돌아가는 카카오톡 말고 다른 운영체제의 카카오톡을 만들 이유가 없습니다. 따라서 저 4개의 운영체제를 소유하고 있는 회사는 시장에서의 영향력이 매우 크고 돈도 많이 벌어들입니다. 윈도우(Windows)는 마이크로소프트(Microsoft)에서 만들었습니다. 맥 OS와 iOS는 애플(Apple)에서 만들었죠. 안드로이드는 구글 (Google)의 소유입니다. 만약 이 3개의 회사에서 운영체제의 보안정책을 바꾼 다면, 그 정책이 우리 삶에 영향을 미칩니다. 운영체제 가격을 올리거나 내려 도 우리 삶에 영향을 미치죠. 그만큼 우리는 이 3개 회사의 운영체제에 의존하 고 있습니다.

개발자도 마찬가지입니다. 마이크로소프트에서는 개발자들에게 이렇게 말 합니다.

"만약 윈도우에서 돌아가는 파워포인트 같은 프로그램을 만들고 싶다 면, 우리가 지정한 언어들을 쓰세요."

애플과 구글도 마찬가지입니다. 애플의 운영체제 위에 돌아가는 프로그램 을 만들려면 Objective-C 혹은 스위프트라는 언어를 사용해야 합니다. 구글 운영체제 위에 돌아가는 프로그램을 만들려면 자바 혹은 코틀린(Kotlin)이라는 언어를 사용해야 합니다.

애플 회사의 운영체제에 올라가는 프로그램은 원래 Objective-C라는 언 어로 만들었습니다. 그런데 애플은 스위프트라는 새로운 언어를 만들기로 합 니다. 처음 스위프트가 나왔을 때는 언어 자체에 낯선 개념들, 불안정한 요소 들이 많았기 때문에 많은 개발자가 불만을 표했습니다. 물론 시간이 지나면서 버전 2.0, 3.0 등이 나오며 개선되었고 지금은 아주 좋아졌습니다. 하지만 애플 이 지금처럼 스위프트를 계속 발전시킨다면 어느 순간부터는 Objective-C에

그림 2-15 운영체제에 따른 프로그래밍 언어(2020년 기준)

대한 지원을 점차 줄일 것입니다. 그렇게 되면 Objective-C를 쓰던 프로그래머들은 모두 스위프트로 넘어와야 합니다. 이처럼 운영체제 회사들은 개발자들의 삶에도 큰 영향을 미치고 있습니다.

우리가 자바 최신 버전을
설치해야 하는 이유

과거에는 운영체제의 종류가 훨씬 다양했습니다. 따라서 개발자가 배워야 하는 프로그래밍 언어도 굉장히 많았죠. 문제는 각기 다른 언어를 모두 배운다고 해도 프로그램 버그를 수정하거나 새로운 기능을 추가할 때면, 해야 할 일이 산더미처럼 늘어난다는 것이었습니다. 10개의 운영체제가 있다고 하면, 같은 작업을 10번씩 해야 하니까요. 이 문제는 자바라는 프로그래밍 언어가 해결합니다.

자바를 만든 팀은 각 운영체제 위에 JVM(Java Virtual Machine)이라는 소프트웨어를 만들었습니다. JVM 위에서 자바 언어로 만든 프로그램이 돌아갈 수 있도록 한 것이죠.

이것은 혁명적인 시도였습니다. 사용자가 자신의 컴퓨터에 JVM을 설치하

그림 2-16 ▶ 자바 프로그램이 동작하는 방식

기만 하면, 운영체제별로 여러 개의 프로그램을 만들 필요 없이 자바로만 만들면 되니까요. 즉, 자바로만 프로그램을 만들어도 모든 운영체제에서 사용할 수 있게 된 것입니다. 물론 '사용자가 귀찮게 JVM을 왜 깔지?'라고 생각할 수 있습니다. 하지만 놀랍게도 사용자는 자신도 모르는 사이 JVM을 설치해왔습니다.

윈도우를 사용해보셨다면 [그림 2-17]과 같은 화면을 기억하실지 모르겠습니다. 과거부터 지금까지 많은 소프트웨어가 자바 언어로 개발되었습니다. 이 언어로 개발한 소프트웨어들이 너무 많기 때문에 우리는 종종 정부 기관의 소프트웨어를 쓰기 위해, 특정 회사에서 개발한 소프트웨어를 사용하기 위해 JVM을 계속 최신 버전으로 설치해왔습니다.

자바 이외에도 다양한 언어가 이런 방식을 취하고 있습니다. 대표적인 게 바로 파이썬(Python)입니다. 다들 한 번쯤 파이썬에 대해 들어보셨을 겁니다.

그림 2-17 자바 무료 버전 설치 화면   출처: Oracle 홈페이지

파이썬으로 프로그램을 만들면 윈도우나 맥 OS 등의 운영체제 위에서 프로그램을 설치 및 실행할 수 있습니다. 물론 자바나 파이썬 같은 프로그램을 사용하는 방식의 단점도 있습니다. 속도가 느리다는 것이죠. 운영체제 위에 프로그램을 올리고, 그 위에 또 프로그램을 돌리는 것이기 때문입니다. 단순히 비교해도 프로그램을 1개 돌리는 것과 2개 돌리는 것은 차이가 있겠죠.

한 가지 더 알아둬야 할 사실은 모바일은 PC와 다르다는 것입니다. 현재 모바일 운영체제는 iOS와 안드로이드가 시장을 양분하고 있습니다. 그 때문에 과거보다 JVM과 같은 콘셉트에 대한 니즈가 적습니다. 프로그래밍 언어 2개만 알면 되니까요. 아님 2명이 같이 개발하거나요.

더불어 만약 모바일 위에 특정 프로그램을 설치해서 그 위에 프로그램을 돌리는 방식을 쓴다면 여러 문제점이 생깁니다. 우선 모바일은 기본적으로 크기가 PC보다 매우 작습니다. 그 안에 들어가는 부품들 또한 PC보다는 더 작을 수밖에 없죠. 때문에 용량이나 성능에 제한이 있습니다. 프로그램 위에 프로그램을 돌린다면 아주 느려지겠죠. 더욱이 이런 개념들을 허락해준다면, 애플과 구글이 가지고 있는 시장에 대한 영향력이 줄어들게 됩니다. 영향력은 곧 힘이자 돈이기 때문에 애플과 구글은 이런 상황을 원하지 않겠죠. 위와 같은 다양한 이유로 모바일에서는 JVM과 같은 개념이 PC보다 상대적으로 덜 발전하게 됩니다.

비전공자가 [그림 2-18]과 같은 말들을 종종 듣는 이유를 다시 정리해보겠습니다. C 언어는 자바나 파이썬을 비롯한 다른 언어들보다 저수준 언어입니다. 앞에서 언급한 것처럼 저수준 언어는 컴퓨터 친화적이므로 컴퓨터에 대한 이해도가 높아질 수밖에 없습니다. 반면 자바는 운영체제(OS)에 독립적인 언어일 뿐만 아니라 안드로이드에서도 사용할 수 있을 만큼 사용 범위가 넓습

우리가 지금까지 들었던 말

- C부터 배워봐. **컴퓨터를 이해하는 데 좋아.**
- **자바**부터 배워봐. **써먹을 곳이 많아.**
- 아냐 **파이썬**부터 배워봐. **그게 쉬워.**

그림 2-18 - 비전공자가 많이 듣는 이야기

니다. 파이썬은 인간 친화적인 굉장히 고수준의 언어이기 때문에 쉽게 배우고, 코딩할 수 있죠. 언어들이 가진 이런 특성들 때문에 기획자가 위와 같은 이야기를 듣게 되는 것입니다.

이제 주변의 개발자들을 생각해봅시다. 대부분의 '안드로이드 개발자'란 안드로이드 운영체제(OS) 위에 돌아가는 소프트웨어를 개발하는 사람을 말합니다. 이를 줄여서 안드로이드 개발자라고 표현하죠. iOS와 맥 OS, 윈도우도 마찬가지입니다.

지금까지 개발자들이 어떤 사람들인지에 대해서 알아봤습니다. 개발자들은 프로그래밍 언어를 통해 운영체제 위에 돌아가는 프로그램을 만드는 사람들입니다. 기본적으로 컴퓨터에게 일을 시키는 사람들이죠. 다음은 네트워크에 대해서 알아보도록 하겠습니다.

안드로이드 개발자
- 안드로이드 (운영체제 위에 돌아가는 **소프트웨어를 개발하는)** 개발자

iOS 개발자
- iOS (위에 돌아가는 **소프트웨어를 개발하는)** 개발자

맥OS 개발자
- 맥OS (위에 돌아가는 **소프트웨어를 개발하는)** 개발자

윈도우 개발자
- 윈도우 (운영체제 위에 돌아가는 **소프트웨어를 개발하는)** 개발자

그림 2-19 ▶ 우리 주변의 개발자

3장

네트워크,
클라이언트,
서버

국민학교와
초등학교 시절 이야기

국민학교의 명칭이 초등학교로 바뀌던 시절, 인류 역사에 혁명을 일으킨 기계, 컴퓨터가 등장했습니다. Personal Computer를 줄여서 PC라고 불렀죠. 학교에는 컴퓨터실이, 동네에는 컴퓨터 학원들이 하나둘 생겨났습니다. 그리고 각 가정에서는 PC를 한 대씩 구매했죠. 당시 초등학생들이 이 혁신적인 기계로 도대체 무얼 했는지 떠올려보면, 별다른 게 없었습니다. 그저 몸집이 조금 큰 오락기에 불과했으니까요.

프린세스 메이커2, 삼국지 시리즈, 포트리스 게임을 기억하시나요? 제가 어렸을 적 아주 인기 많던 게임들이었습니다. 그리고 지금까지도 인기 있는, 당시 대한민국 남자아이들의 국민 게임이라고 할 수 있는 게임이 하나 나왔습니다. 블리자드라는 회사에서 만든 '스타크래프트'라는 게임이죠.

당시 초등학생들에게 학교 컴퓨터실은 최적의 장소였습니다. 친구, 컴퓨터, 게임이 모두 있었으니까요. 컴퓨터 수업 시간에 짧게 5분이라도 스타크래프트를 한다는 건 저와 친구들에게 큰 삶의 의미였습니다.

"야! 내가 방 만들었어. 빨리 들어와!"

"어? 안 보이는데? 안 들어가져!"

"그래? 그럼 네가 만들어봐. 내가 들어갈게!"

"그래 잠깐만!"

…

"만들었어!"

"방이 없는데? 하…"

(절망)

당시 컴퓨터 수업 시간에는 이런 대화가 오고 갔습니다. 컴퓨터실에는 친구들과 함께 게임을 '할 수 있는 자리'와 '할 수 없는 자리'가 나뉘어 있었기 때문이죠. 이때 스타크래프트가 되는 자리, 안 되는 자리는 컴퓨터의 연결이 어떻게 되어있는지에 따라 달라집니다. 선으로 직접 연결된 컴퓨터들은 서로 파일을 주고받거나 게임을 함께 할 수 있었습니다. 하지만 연결이 닿지 않는 두 개의 서로 다른 컴퓨터는 함께 게임을 할 수 없었습니다. 여기서 중요한 사실 한 가지를 배울 수 있습니다.

'아! 컴퓨터를 연결하면 이렇게 할 수 있는 게 많구나!'

컴퓨터를 연결하면 뭘 할 수 있을까요? 앞서 언급한 이야기처럼 함께 게임을 할 수 있습니다. 실제로 게임 산업은 네트워크의 발전에 크게 기여했습니다. 게임을 하기 위해 컴퓨터 부품은 더 좋아지고, 컴퓨터의 연결 속도는 더 빨라졌습니다. 그리고 연결된 컴퓨터끼리는 파일을 서로 주고받을 수 있었죠. 덕분에 우리는 회사에서 엑셀 파일, PDF 파일 등 여러 파일을 주고받으며 일할 수 있게 되었습니다.

컴퓨터가 연결된 작은 지역을 LAN(Local Area Network) 이라고 표현합니다. '로컬(Local)'은 작은 지역이죠. 학교 컴퓨터실 하나, 아파트 하나, 커피숍 하나하나가 모두 LAN입니다. LAN을 연결하는 선을 LAN선이라고 부릅니다.

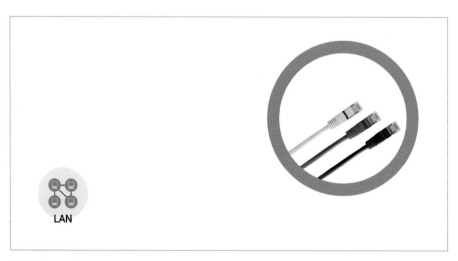

그림 3-1 ▶ LAN(Local Area Network)

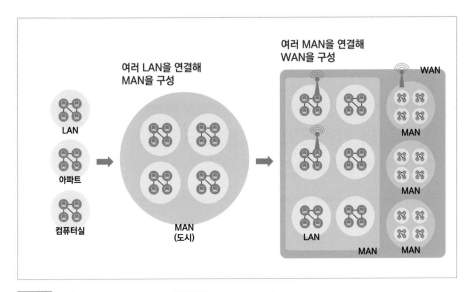

여러 LAN을 연결해
MAN을 구성

여러 MAN을 연결해
WAN을 구성

LAN

아파트

컴퓨터실

MAN
(도시)

WAN

MAN

MAN

LAN

MAN

MAN

그림 3-2 ▶ MAN(Metropolitan Area Network)과 WAN(Wide Area Network)

또 사람들은 도시의 여러 LAN을 하나로 연결해 MAN(Metropolitan Area Network)을 만들었습니다. 그리고 도시와 도시, 나라와 나라를 모두 연결해서 WAN(Wide Area Network)을 만들었습니다. 이 모든 것들이 10~20년 안에 일어난 일입니다. 대단한 일을 한 거죠. 이 선을 연결하기 위해 당시 수많은 공사가 이뤄졌습니다. 정전도 많이 일어났죠. 회사들은 ADSL, VDSL, 광케이블 등 초고속 인터넷망을 선전했습니다. 아직도 포트리스라는 게임이 가져다 준 충격이 생생합니다. 당시 컴퓨터실을 벗어나, 집에서 다른 친구들과 함께 게임을 할 수 있다는 건 제게 큰 충격이었습니다. 네트워크가 만들어낸 일이죠. 더불어 사람들은 이 신호를 무선으로 만들기 시작했습니다. 어느 순간 3G, 4G, 5G라는 말들이 오가기 시작했습니다. 이제 한강을 걸어 다니면서 인터넷을 할 수 있는 세상이 되었습니다.

한강에서 카카오톡을 다운로드하고, 실행하면 일어나는 일들

여러분이 한강을 걸어가고 있다고 상상해봅시다. 스마트폰을 꺼내 앱스토어 혹은 플레이스토어 등 앱을 다운로드 할 수 있는 마켓에 들어갑니다. 그리고 카카오톡을 검색해서, 카카오톡을 설치합니다. 카카오톡을 실행해 사람들과 이미지나 동영상, 메시지를 주고받습니다. 이 모든 과정이 어떻게 일어나는지 알아봅시다. 이는 우리들의 삶이기도 하고, 많은 IT 서비스가 동작하는 방식이기도 합니다.

먼저 앱스토어에 들어가서 카카오톡을 검색하고, 다운로드 버튼을 누르면 가까운 기지국으로 "카카오톡 설치 파일을 보내줘!"라는 신호가 갑니다. 신호는 WAN을 따라 이동합니다. 이때 항상 최종 목적지가 정해져 있습니다. 우편물을 생각하시면 됩니다. 집 주소처럼 하나의 정해진 컴퓨터 주소로 신호가 전

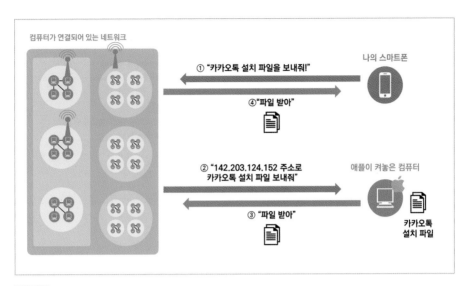

컴퓨터가 연결되어 있는 네트워크

나의 스마트폰

① "카카오톡 설치 파일을 보내줘!"

④ "파일 받아"

② "142.203.124.152 주소로
카카오톡 설치 파일 보내줘"

애플이 켜놓은 컴퓨터

③ "파일 받아"

카카오톡
설치 파일

그림 3-3 ▶ 앱스토어에서 카카오톡을 다운로드 받을 때 일어나는 일

달됩니다.

여기서는 앱스토어이기 때문에 애플이 가지고 있는 컴퓨터로 신호가 갑니다. 애플은 카카오톡 파일을 가지고 있습니다. 카카오가 앱스토어에 설치 파일을 올려놓았기 때문이죠. 이제 애플의 컴퓨터는 '카카오톡 설치 파일'을 여러분의 컴퓨터로 보내줍니다. 다운로드 중이라는 화면이 뜨고 잠시 뒤 카카오톡이 설치됩니다. 이후 앱을 클릭해 실행하면 운영체제 장에서 설명했던 과정들이 그대로 일어납니다. 컴퓨터의 보조기억장치(HDD,SSD)에 카카오톡 실행 파일들이 저장되고, 여러분이 카카오톡 아이콘을 누르는 순간 실행에 필요한 부분들이 메모리 위로 올라옵니다. 그리고 CPU가 이 데이터들을 처리하며 카카오톡이 동작합니다.

여러분들은 이제 설치된 카카오톡을 실행하고 친구들이 보낸 이미지, 동영

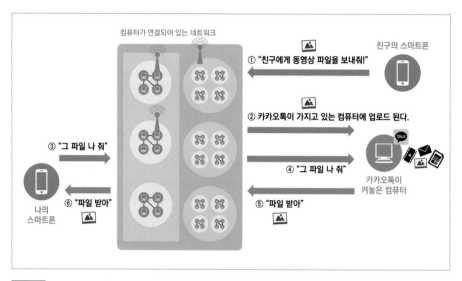

그림 3-4 ▶ 카카오톡으로 친구가 보낸 이미지/동영상을 다운로드 받을 때 일어나는 일

상을 다운로드합니다. 이미지, 동영상을 다운로드할 때 벌어지는 일은 아까 앱 스토어에서 카카오톡을 다운로드한 과정과 같습니다. '동영상을 나한테 보내 줘'라는 신호를 가장 가까운 기지국으로 보내면 카카오톡 프로그램이 지정해 놓은 주소를 따라서 카카오톡이 켜놓은 컴퓨터로 신호가 갑니다. 신호를 받은 컴퓨터에서는 이미지 파일, 동영상 파일 등등을 보내줍니다. 그렇게 보낸 파일 들을 여러분의 스마트폰에서 볼 수 있는 겁니다.

　마지막으로 주소에 대해서 조금만 더 살펴보겠습니다. 'IP 주소'라는 말을 한 번씩 들어보셨을 겁니다. IP 주소는 말 그대로 '주소'입니다. 편지를 보낼 때 '서울시 마포구 상암동 ○○아파트 ○○동 ○○호'라는 주소가 필요한 것처럼, 이미지 파일, 동영상 파일, 메시지 등을 보내기 위해서는 해당 컴퓨터가 위치 한 주소가 필요합니다. 그 주소를 IP 주소라고 합니다. 인터넷에 접속하는 순

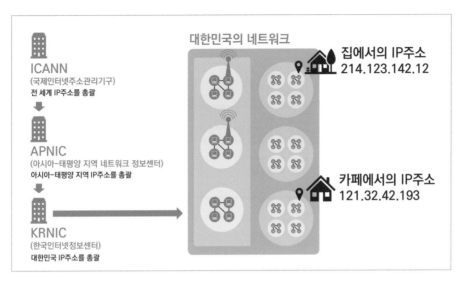

그림 3-5 ▶ IP 주소(그림에 있는 IP 주소의 숫자는 무작위 예시입니다.)

간 여러분의 컴퓨터는 지금 위치에 맞는 IP 주소를 갖게 됩니다. IP 주소는 12

자리 숫자가 마침표(.)로 구분된 [그림 3-5]와 같은 모습을 갖습니다. 숫자는

문자보다 간편하고 명확하기 때문에 IP 주소에서는 숫자를 사용하고 있습니다.

IP 주소는 위치에 따라, 컴퓨터에 따라 고유합니다. 즉, 집의 IP 주소와 카페의

IP 주소가 다르다는 이야기입니다. 이동하면 IP 주소는 계속 바뀝니다.

　　컴퓨터가 늘어날수록 많은 IP 주소가 필요합니다. 그런데 네 부분으로 구분

된 IP 주소로는 한계가 있습니다. 심지어 IP는 0~255의 숫자만 사용할 수 있

습니다. 이런 한계 때문에 최근에는 숫자 구분을 4개에서 6개로 늘린 IPv6를

함께 사용하고 있습니다.

3

당신은 계속 뭘 달라고 하고,
누군가는 계속 뭘 준다

여러분의 스마트폰은 하나의 컴퓨터입니다. 실제로 스마트폰 안에는 CPU, 메모리, 보조기억장치가 있고, 그 하드웨어들을 사용하기 위해 운영체제가 설치되어 있습니다. 여러분은 카카오톡이 켜놓은 컴퓨터로 '파일을 주세요'라고 신호를 보내고, 해당 컴퓨터는 그 신호를 받아 여러분에게 파일을 전해줍니다.

그런데 문제는 카카오톡이 켜놓은 컴퓨터에 '파일을 주세요'라는 신호를 수많은 사람이 동시에 보낸다는 것입니다. 그럼 카카오톡의 컴퓨터는 힘들어서 죽습니다. 컴퓨터가 죽는다니 이상하죠. 하지만 컴퓨터는 개복치 같은 애들입니다. 스트레스를 받으면 쉽게 사망하죠. 파일을 보내 달라는 수많은 신호가 하나의 컴퓨터로 몰리면, 그 컴퓨터는 파일을 보내기 위해 보조기억장치, 메모리, CPU를 사용합니다. 파일을 보내기 위해서는 보조기억장치의 파일을 메모

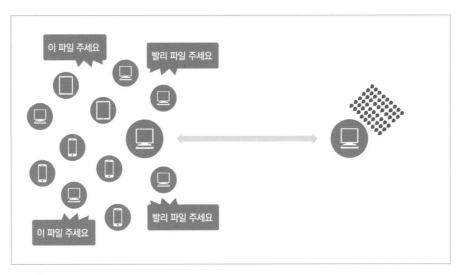

그림 3-6 ─ 한 컴퓨터로 여러 요청이 몰리는 상황

리로 올리고 CPU가 그 파일을 보내야 합니다. 하지만 신호가 몰리게 되면, 어느 순간 메모리의 공간을 모두 쓰게 되거나, CPU가 처리할 수 있는 한계를 넘어버립니다. 그러면 컴퓨터는 죽습니다. 컴퓨터를 껐다가 다시 켜야 살아납니다.

이런 이유로 카카오톡은 여러 컴퓨터를 연합군으로 만들었습니다. 카카오톡에서 이 컴퓨터 연합군을 24시간, 365일 켜놨기 때문에 우리는 아침에도, 새벽에도, 저녁에도 카카오톡을 이용할 수 있습니다. 만약 이 컴퓨터들이 꺼진다면 우리는 카카오톡을 이용할 수 없게 됩니다.

이제 여기서 등장하는 컴퓨터들을 정의해보도록 하죠. 파일을 달라고 계속 보채는 컴퓨터를 '클라이언트'라고 합니다. 그리고 파일을 주는 컴퓨터를 '서버'라고 합니다.

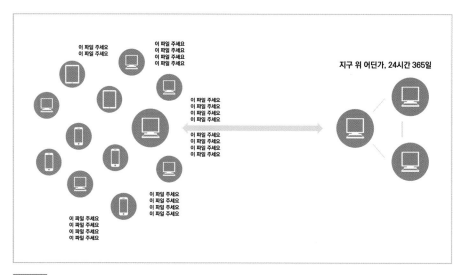

그림 3-7 요청받는 컴퓨터를 연합군처럼 구성한 모습

우리는 식당에 가서 종업원에게 이렇게 얘기합니다.

"여기 메뉴판 좀 주세요."

"물 좀 가져다주세요."

"주문이요."

이때 우리는 가게의 손님(클라이언트)입니다. 종업원은 서빙하는 사람. 즉, '서버'라고 하죠. 같은 개념입니다. 클라이언트는 서버에게 계속 무언가를 달라고 합니다. 일반적으로 컴퓨터를 클라이언트라고 칭하지 않습니다. 클라이언트는 보통 '일을 맡긴 사람'을 뜻하죠. 하지만 개발자의 세상에서 클라이언트는 대부분 컴퓨터입니다. 서비스를 사용하는 사용자들이 소유한 컴퓨터를

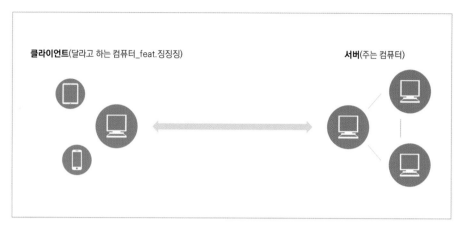

그림 3-8 ▶ 클라이언트와 서버

뜻하죠. 여러분의 스마트폰이나 고객의 컴퓨터가 모두 클라이언트입니다.

한편 고객의 입장에서 보면 클라이언트 컴퓨터를 직접 볼 수 있고, 만질 수 있습니다. 고객의 바로 앞에 있는 이 클라이언트 컴퓨터를 다른 말로 '프론트 엔드'라고 표현합니다. 반면, 서버는 고객이 볼 수 없는 곳에 있습니다. 고객에게 보이지 않는 곳, 즉 고객의 뒤에 있죠. 그래서 서버를 다른 말로 '백 엔드'라고 부릅니다.

'클라이언트'

'클라'

'프론트 엔드'

'프론트'

모두 같은 말입니다. 고객의 컴퓨터를 뜻하죠.

'서버'

'백 엔드'

'백'

이 또한 모두 '주는 컴퓨터'라는 뜻으로 쓰입니다. 개발자와의 대화에서 자주 등장하는 아주 중요한 용어들입니다.

비전공자를 위한 이해할 수 있는 IT 지식

도대체
우분투가 뭐죠?

"도대체 우분투가 뭐죠?"

이 질문을 설명하기 위해서는 '리눅스'를 알아야 합니다. 조금 뜬금없지만, 서버와 연결되는 내용입니다. 먼저 리눅스는 운영체제(OS)입니다. 이렇게 들으면 여러분은 다음과 같이 생각할 수 있어야 합니다.

'아, 리눅스는 윈도우, 맥 OS 같은 애들이구나.'
'아! 그럼 CPU, 메모리, 보조기억장치들을 우리가 신경 쓰지 않아도, 리눅스가 다 관리해주겠구나.'
'아하! 그럼 윈도우 위에서 파워포인트를 돌리듯, 리눅스 위에서 이런저

런 프로그램을 돌리겠구나.'

여기서 리눅스를 이야기하는 이유는 리눅스 위에서 '서버 프로그램'을 돌리기 때문입니다. 먼저 '서버 프로그램'이 뭐 하는 프로그램일지 생각해보죠. '서버'는 '클라이언트'의 요청에 응답하는 컴퓨터입니다. 이전 장의 카카오톡 컴퓨터 혹은 애플의 컴퓨터처럼 요청에 따라 파일을 보내주죠. 이때 요청의 종류는 다양할 수 있습니다. 로그인, 회원 가입, 상품 리스트 요청, 결제 요청 등등. 이 중에 로그인 요청을 생각해보죠. 클라이언트에서 서버로 다음과 같이 요청합니다.

'로그인을 시켜줘.'

그럼 어떤 정보들이 필요할까요? '아이디'와 '비밀번호'가 필요합니다. 보통 이런 정보들은 로그인 요청을 보낼 때 같이 옵니다. 자, 정보를 받았으니 컴퓨터는 생각을 해야겠죠? 어떤 생각을 할까요?

'이 아이디가 존재하나?'
'존재한다면 비밀번호는 이게 맞나?'

컴퓨터가 생각한다는 건 코딩된 프로그램이 동작한다는 것을 의미합니다. 프로그래밍 언어로 컴퓨터에 일을 시킨 거죠. 하드웨어를 직접 컨트롤하지 않

비전공자를 위한 이해할 수 있는 IT 지식

으려면 운영체제 위에서 프로그램을 돌려야겠죠? 즉, 리눅스 위에 이런 생각을 하는 프로그램을 24시간 365일 돌려놓는 겁니다. 그럼 해당 프로그램이 코딩된 그대로 생각하고 응답해줍니다.

그럼 왜 서버 프로그램을 리눅스 위에서 돌릴까요? 윈도우OS, 맥 OS, iOS, 안드로이드 OS를 두고 굳이 리눅스를 사용하는 이유가 뭘까요? 그 이유는 리눅스가 기본적으로 '무료'이기 때문입니다.

리눅스는 '리누스 토발스'라는 사람이 만들었습니다. 개발자들이 가장 많이 쓴다고 할 수 있는 2개의 프로그램, 리눅스와 깃(Git)을 만든 사람입니다. 리누스 토발스가 리눅스를 만든 이유에 대해서는 다양한 이야기들이 있습니다. '그냥 한번 만들어 봤다'는 얘기부터, '방학 숙제였다', '그냥 공부하면서 만들었다' 등등. 중요한 건 계기가 아니라 리눅스가 잘 만들어진 운영체제(OS)였다는 점입니다. 그리고 리누스 토발스가 이 리눅스를 무료로 배포했다는 점입니다. 아무나 수정해도 괜찮고, 수정한 것을 팔아도 괜찮다고 말했습니다.

리눅스(Linux)　　　　　깃(Git)

그림 3-10 리누스 토발스의 모습

'아니! 그렇게 잘 만든 운영체제면 돈을 받고 팔아야지!'

이런 생각이 듭니다. 사실 리누스 토발스가 어떤 생각으로 리눅스를 무료 배포했는지는 모르겠지만, IT 세상에서는 종종 이런 일들이 일어납니다. 오픈 소스, 오픈 플랫폼, 오픈 API, 오픈 라이브러리 등등 많은 것들을 나누고 공유합니다.

리눅스가 무료로 배포되자, 사람들은 이 운영체제를 발전시켰습니다. 그렇게 다양한 버전의 리눅스가 만들어졌습니다. 운영체제의 버전은 윈도우를 생각해보시면 됩니다.

여러분은 윈도우를 어떤 버전부터 쓰셨나요? 윈도우는 Windows 95, 98,

그림 3-11 ▶ 윈도우 운영체제의 여러 버전

밀레니엄, xp, 7, 10 등등 다양한 버전이 있습니다.

또 다른 운영체제의 버전을 보죠. 안드로이드입니다. 안드로이드는 운영체제 버전 명을 A, B, C 등 알파벳 순서로 지었습니다. 그리고 음식 이름을 붙였죠. A는 알파, B는 베타 버전이었고, C부터 Cupcake라는 이름으로 정식 서비스가 시작됩니다.

이렇듯 리눅스에도 다양한 버전이 있습니다. 리눅스의 유명한 버전 중 하나는 우분투(Ubuntu)입니다.

'우분투는 리눅스다'

즉, 리눅스는 하드웨어를 관리해서 사용자가 프로그램을 사용하기 쉽게 도

안드로이드의 버전

Cupcake	Donut	Eclair	Froyo	Gingerbread	Honycomb	Ice Cream Sandwich
Jelly Bean	KitKat	Lollipop	Marshmallow	Nougat	Oreo	Pie

...

그림 3-12 안드로이드의 여러 버전

와주는 윈도우나 맥 OS 같은 운영체제이고, 우분투는 그런 리눅스 버전 중 하나라고 이해하시면 됩니다.

또 다른 유명 버전으로는 레드햇(Red hat) 리눅스가 있습니다. 레드햇은 리눅스를 개량해서 유료로 판매하는 회사입니다. 유료로 판매한다니 조금 의아합니다.

'아니 리눅스는 공짜니까 서버에서 쓴다고 했는데, 그걸 유료로 팔면 누가 사지?'

생각보다 다양한 회사에서 구매합니다. 하나의 예를 들어보죠. 금융 산업에 종사하는 회사라면 안정적인 서비스가 필수입니다. 서버가 멈춘다거나, 고장

나면 어마어마한 손실이 발생합니다. 만약 무료 운영체제를 사용하다 고장이 나면 어떻게 될까요? 누군가에게 AS 요청을 하거나 책임을 물을 수 없습니다. 하지만 어떤 회사에서 운영체제의 품질을 보장해주면 어떨까요? 이게 바로 레드햇을 유료로 이용하는 이유입니다.

또 다른 리눅스의 유명한 개량 버전에는 안드로이드가 있습니다. 안드로이드는 구글이 리눅스를 모바일 운영체제 형태로 개량해서 발전시킨 운영체제입니다. 이렇듯 운영체제는 서로에게 영향을 주며 발전합니다. 마치 언어의 발전과 같습니다. C 언어가 발전해서 C++, Objective-C, 파이썬 등의 언어가 되었던 것처럼, 리눅스가 발전해서 안드로이드가 되었습니다.

정리해보겠습니다. 서버는 데이터를 주는 컴퓨터입니다. 데이터를 주기 위해서는 프로그램이 필요합니다. 예를 들면 로그인 처리를 위해서는 비밀번호

그림 3-13 ▶ 리눅스의 여러 버전

가 맞는지, 아이디는 존재하는지 등등을 알아보는 프로그램이 필요하죠. 프로그램을 돌리기 위해서는 운영체제가 필요합니다. 하드웨어를 그냥 쓸 수는 없으니까요. 하지만 서버에서는 윈도우, 맥 OS 등등 우리가 많이 쓰는 운영체제보다는 리눅스를 씁니다. 즉, 윈도우 위에서 포토샵이나 파워포인트 등의 프로그램을 돌리듯, 서버 컴퓨터는 리눅스 위에서 서버 프로그램을 돌립니다(사실 서버 프로그램에는 웹 서버, 웹 애플리케이션 서버 등등 세부적인 구분이 있지만, 우리는 서버 프로그램이라는 큰 틀로 이해하면 충분합니다).

마지막으로 윈도우와 맥 OS가 왜 리눅스에 비해 비싼지 생각해보겠습니다. 과거 'MS-DOS'라는 운영체제를 아시나요? 윈도우 이전에 컴퓨터를 사용하기 위한 OS였습니다. 명령어가 어렵고 불편한 탓에 당시 컴퓨터는 명령어를 쓸 수 있는 사람들만 사용할 수 있었죠. 하지만 애플과 마이크로소프트가 맥 OS와 윈도우를 만들면서 판도가 바뀌었습니다. 일반인들도 사용하기 쉽게 바탕화면이라는 개념과 폴더와 파일이라는 개념이 만들어졌습니다. 스티브 잡스가 사무실에 있는 개념들을 운영체제에 적용했다고 알려져 있죠. 마우스라는 개념도 더해져 사람들은 명령어를 몰라도 폴더 안에 파일을 넣거나 휴지통에 버리는 등의 직관적이고 쉬운 방법으로 컴퓨터를 활용할 수 있게 됩니다. 놀라운 발명이었죠.

즉, 두 운영체제에는 폴더, 휴지통 같은 '그래픽 UI'가 붙어 있습니다. 하지만 서버에는 '그래픽 UI'가 딱히 필요 없습니다. 서버 프로그램은 24시간, 365일 '안정적'으로 돌아가는 게 중요합니다. 그래서 대다수의 리눅스 버전들은 '그래픽 UI' 없이 명령어로만 동작시킵니다. 리눅스가 윈도우나 맥 OS보다 저

렴할 수 있는 이유 중 하나입니다. 물론 이런 리눅스를 다루려면 기본적인 명령어는 알고 있어야겠죠.

5

개인 서버를 운영하면
힘든 이유

네이버에 '서버'를 검색해보세요. 검색 결과에는 컴퓨터가 나옵니다. 이 컴퓨터를 구매해서 집에서 쇼핑몰 서버를 만든다고 해보죠. 먼저 운영체제(OS)를 설치해야 합니다. 그다음에는 서버 프로그램을 만들어서 실행시킵니다. 그렇게 24시간, 365일 계속 돌리면 상시 운영되는 서버가 됩니다. 이제 여러분의 쇼핑몰에 많은 사람이 요청을 보낼 수 있습니다. 로그인도 하고, 물건도 주문하고, 주문한 물건의 현황도 확인할 수 있죠.

하지만 집에서 서버를 운영하면 많은 문제가 생깁니다. 어떤 문제가 있을까요? 먼저 컴퓨터를 24시간 365일 돌리면 전기세가 많이 나갑니다. 전력 소모가 적은 컴퓨터를 서버 컴퓨터로 쓰는 이유가 여기에 있습니다. 갑자기 정전이될 수도 있습니다. 전원이 꺼지는 순간 서버는 정지합니다. 이제 클라이언트의 요청을 받을 수도, 응답할 수도 없습니다. 그럼 무슨 문제가 발생할까요? 고객들의 컴플레인이 시작됩니다.

"주문했는데, 주문 정보가 안 보여요!"

"배송은 잘되고 있는 건가요?"

"아니 사이트는 도대체 언제 고쳐지는 거죠?"

다른 이슈를 생각해보죠. 집에서 고양이 한 마리를 키우고 있다고 가정해봅시다. 여러분의 고양이가 서버 컴퓨터 위를 지나가다가 옆에 있던 물컵을 건드려 컴퓨터 위에 떨어뜨립니다. 만약 서버 컴퓨터가 심각하게 고장 나서 저장장치도 복구할 수 없다면 무슨 일이 일어날까요? 전원이 꺼지는 것과는 비교할 수 없습니다. 이미 저장된 모든 데이터가 날아갔으니까요. 회원 정보, 결제 정보, 배송 정보, 상품 정보 등을 모두 복구할 수 없습니다.

이처럼 개인이 서버를 운영하면 여러가지 리스크가 발생하게 됩니다.

그래서 이 모든 일들을 대신해주는 서비스가 나타나기 시작합니다. 이런 서비스를 제공하는 업체를 '호스팅 업체'라고 부릅니다. 국내에는 대표적으로 Cafe 24, 가비아 등의 회사가 있습니다.

한편 외국에서도 이런 움직임이 있었습니다. 해외의 공룡 기업들이 서버를 제공해주는 서비스에 투자하기 시작했죠. 대표적으로 아마존의 AWS(Amazon Web Services)를 꼽을 수 있습니다. AWS는 서버 컴퓨터 대여뿐 아니라 다양한 분야의 기업들에게 여러 솔루션을 함께 제공해주고 있습니다. 따라서 AWS에서 제공하는 기능들만 잘 사용해도 안정적이고 효율적인 서버를 쉽게 구축할 수 있습니다.

이제 1장에서 봤던 대화를 다시 살펴봅시다.

> 기획: "혹시 저번에 말씀드린 아이콘 수정은 언제까지 될까요?"
> 개발: "아 그게 서버에서 이미지 URL을 보내줘야 하는데, API가 미완성인 것 같아요. JSON에 아이콘 URL만 빠져있네요…."
> "클라는 URL이 안 오면 기본값이 뜨게 해놨어요. 그런데 제가 임의로 만들어서 좀 이상하게 보일 겁니다."

이 대화에서 여전히 많은 부분이 이해가 안 될 겁니다. 하지만 지금 이야기하고 있는 개발자는 '클라이언트 개발자'일 것이고, '서버'가 미완성이라고 말하고 있다는 사실은 이해가 될 겁니다. 지금은 거기까지만 이해하시면 충분합니다. 다음 장에서는 API와 JSON에 대해서 알아보도록 하겠습니다.

비전공자를 위한 이해할 수 있는 IT 지식

4장

API와 JSON

POST는 뭐고, GET은 뭐죠?
(feat. 개발자의 암호문)

개발 1: "○○님, 이거 원래 **POST**로 보냈을 때는 **200**이 왔거든요. 그런
데 **PUT**으로 바뀐 다음에 **500**이 날아와요."

개발 2: "그래요? 잠시만요!"

(파악 후)

"서버 수정했어요. 그런데 클라에서 보내주는 **JSON**에 필수 파
라미터가 빠져있네요. 그렇게 다시 보내면 **400**이 날아갈 거예
요. 확인 부탁드려요."

POST, 200, 500, JSON… 일종의 암호문 같지만, 4장이 끝날 때쯤이면 모
두 이해되실 겁니다.

API에 대해 본격적으로 얘기하기에 앞서, 카카오톡을 다시 생각해보죠. 클라이언트 컴퓨터와 서버 컴퓨터가 있습니다. 클라이언트는 서버에게 요청을 보내죠.

"메시지, 비디오 파일, 이미지 파일을 줘."

"로그인, 회원가입 시켜줘."

"이 메시지 삭제해줘."

그럼 서버는 요청에 따라 적합한 처리를 해서 응답을 줄 겁니다. 하지만 컴퓨터는 한글을 모릅니다. 어떤 요청이 '메시지를 달라'는 요청인지, '로그인 시켜줘'라는 요청인지 알 수 없습니다. 요청을 구분할 수 있도록 하는 '체계'가 필요합니다. 그 체계가 바로 API 입니다. API는 클라이언트, 서버와 같은 서로 다른 프로그램에서 요청과 응답을 주고 받을 수 있게 만든 체계입니다.

API는 이렇게 진행이 됩니다. 요청을 보내는 쪽과 응답을 주는 쪽이 나뉘어 있습니다. 여러분의 스마트폰은(클라이언트 컴퓨터) 요청을 보내고, 서버 컴퓨터는 요청을 받아서 응답을 줍니다. 이렇게 하려면, 응답을 주는 쪽에서 사전에 '여기로 요청을 보내면 이러한 응답을 주고, 저기로 요청을 보내면 저러한 응답을 줄게' 라고 정해놔야 합니다. 그래야 요청하는 쪽에서 정확한 곳에 요청을 보낼 수 있으니까요.

'정확한 곳'에 해당하는 주소는 '서버주소/A'의 형태로 정의되어 있습니다. 여기서 '서버 주소'는 서버 컴퓨터가 위치한 곳의 주소입니다. 네트워크에

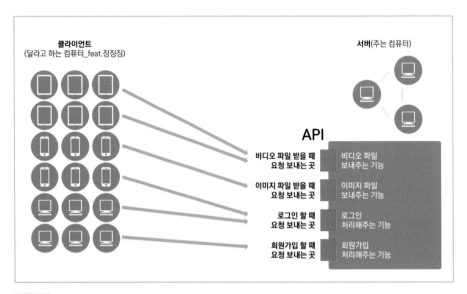

그림 4-1 ─ 클라이언트와 서버 사이의 API

서 언급한 IP 주소이죠. 그 주소 뒤에 어떤 문자를 쓰느냐에 따라 다른 기능을 수행하도록 정의하는 겁니다. 예를 들어, '서버주소/A'라고 신호를 보내면 서버가 '로그인 기능'을 수행하고 응답합니다. 혹은 '서버주소/B'라고 신호를 보내면 서버가 '회원 가입 기능'을 수행하고 응답합니다. 잘 되었는지, 혹 문제가 있다면 무슨 문제가 있는지 등등을 알려주죠. 이러한 기능은 서버 개발자가 만들며, 그 결과물이 서버 프로그램입니다. 서버 주소 정의 역시 서버 개발자의 주도하에 이루어집니다. 그리고 클라이언트 프로그램은 정해진 주소에 요청을 보냅니다. 즉, API는 서버 개발자가 개발하고, 클라이언트 개발자는 그 API를 사용합니다.

한 가지 더 추가하면, API를 만들 때는 데이터를 주고 받는 기능도 함께 넣습니다. 로그인 요청을 할 때 아이디와 비밀번호 데이터가 필요합니다. 비디오 파일이나 이미지 파일에 대한 응답을 받을 때도 데이터가 함께 와야 합니다. 이처럼 API를 통해 요청과 응답을 주고 받을 때는 데이터도 같이 담긴다는 사실을 알아두세요.

이제 API를 클라이언트와 서버의 관점에서 좀 더 자세히 살펴보겠습니다.

먼저 클라이언트의 관점에서 바라보죠. 클라이언트 소프트웨어는 서버에 요청을 보냅니다. '타임라인에 사진을 올리는' 요청이라고 생각하면 이 요청을 크게 4가지 요소로 나눌 수 있습니다. CRUD라고 불리는 이 4가지 요청은 데이터를 다룰 때 기준이 되는 요청으로, 프로그래머에게 아주 중요합니다. 각각 무엇의 약자일까요?

C는 Create의 약자로 타임라인에 사진을 '올리는' 요청을 뜻합니다. R은 Read의 약자로 타임라인에 사진을 '불러오는' 요청을 뜻합니다. U는 Update

그림 4-2 ▶ 클라이언트 입장에서 바라본 API 1

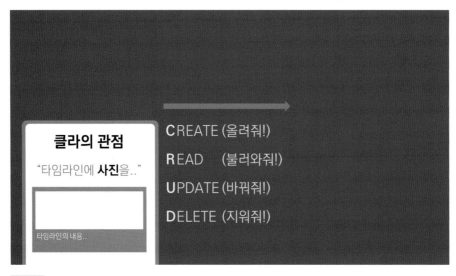

그림 4-3 ▶ 클라이언트 입장에서 바라본 API 2

의 약자로 '바꾸는' 요청을, D는 Delete의 약자로 '지우는' 요청을 뜻합니다. 데이터를 다룰 때 큰 틀에서 보면 대부분의 요청이 이 4가지 요청에 속합니다.

CRUD는 아주 중요하기 때문에 개발자들은 데이터를 볼 때 항상 CRUD의 관점에서 생각합니다. 하지만 초보 기획자들은 쉽지 않죠. 그래서 실수를 합니다. 예를 들면 데이터를 볼 수는 있는데 만드는 기획이 없을 수 있습니다. 혹은 보거나 만드는 기획은 있는데, 수정하거나 삭제하는 기획이 없을 수 있습니다. 이런 실수를 방지하기 위해서는 CRUD 관점에서 데이터를 바라봐야 합니다. 만약 CRUD 중 특정 기능이 없는 기획이라면, 그 기획 의도가 명확해야 하며, 이유도 설명할 수 있어야 합니다.

타임라인의 CRUD 요청은 각각의 주소를 가집니다. 예를 들면 Create 요청은 '서버 컴퓨터의 주소/timelinecreate'라고 지을 수 있죠. Read, Update,

94   비전공자를 위한 이해할 수 있는 IT 지식

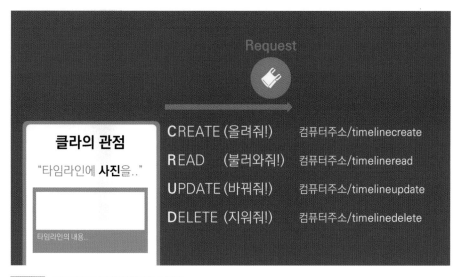

그림 4-4 ▶ 클라이언트 입장에서 바라본 API 3

Delete도 각각의 주소를 가집니다. 그럼 서버의 기능을 원하는 클라이언트는 해당 주소로 요청을 보내면 됩니다.

· 이렇게 CRUD별로 주소가 생깁니다. 그런데 이렇게 주소를 구성하면 문제가 있습니다. 주소가 너무 많아지고 관리하기가 힘들어진다는 것입니다. 이런 주소들이 10,000개가 있다고 가정해봅시다. 프로그래밍은 사람이 하는 일이기 때문에 몇몇 주소들은 기능이 겹칠 수 있습니다. CRUD가 체계적으로 나뉘지 않을 수도 있습니다. 그럼 그 몇몇 API들이 문제를 일으키고 버그가 생기죠. 따라서 사람들은 좀 더 체계적으로 API를 관리하고 싶어 했고 그 영향으로 조금 더 체계적인 API라는 사회 운동이 만들어집니다. 그런 API를 REST(Representational State Transfer)한 API 즉, RESTful API라고 부릅니다. 사실 이름이 중요하다기보다는, 어떤 체계인지가 중요합니다. 한번 살펴보죠.

RESTful API에서는 이전보다 주소 개수가 줄어듭니다. CRUD를 하나의 주소로 관리합니다. 그리고 요청을 보낼 때 다음과 같이 어떤 요청을 보냈는지 파악할 수 있는 스티커를 붙여서 함께 전송합니다.

- Create(생성해줘): POST

- Read(불러와 줘): GET

- Update(바꿔줘): PUT(전체)/PATCH(일부)

- Delete(지워줘): DELETE

이 스티커 5개는 정말 자주 쓰이니 꼭 알아두시길 바랍니다. 이때 Update 에 쓰이는 스티커는 두 개로 나뉩니다. PUT 스티커는 데이터 전체를 바꾸고

그림 4-5 ▶ 클라이언트 입장에서 바라본 API 4

비전공자를 위한 이해할 수 있는 IT 지식

싶을 때, PATCH 스티커는 데이터의 일부만 수정하고 싶을 때 사용합니다. RESTful API는 모든 회사에서 통용되는 절대 규칙이 아닌 일종의 사회 운동으로 상황마다 다양한 방식으로 변형해서 사용합니다.

자 이제 서버의 관점에서 생각해봅시다. 클라이언트에서 요청을 보내면, 서버는 다음과 같이 생각합니다.

'요청을 보낸 사용자가 가입된 사용자인가?'

'비밀번호가 틀렸다! 확인해보라고 말해줘야겠네.'

'친구 중에 A를 찾아달라고? A는 없는데? 없다고 말해줘야겠네.'

'친구 목록을 보내 달라고? 친구가 없는 걸?'

'비밀번호를 까먹었다고? 재설정이 필요한지 물어봐야겠다.'

컴퓨터가 생각한다는 것은 개발자가 코딩했다는 걸 의미합니다.[1] 여기서 이런 코딩은 서버 개발자가 합니다. 그리고 컴퓨터는 코딩된 대로 생각하고 응답을 보냅니다. 응답에는 2가지 경우가 있습니다. 하나는 '잘 됐어'고, 다른 하나는 '잘 안 됐어'입니다. 그런데 '잘 됐어'라는 표현의 경우의 수는 엄청 많습니다. 'Good', 'Great', 'Ok', 'Success'를 모두 '잘 됐어'라고 표현할 수 있습니다. 임의로 'a'나 'b'를 '잘 됐어'라고 표현할 수도 있죠. 한글로 '잘 됐어'라고 쓸 수도 있습니다.

이때 문제가 발생할 수 있습니다. 만약 서버 쪽 부서가 '회원 가입 담당' 부

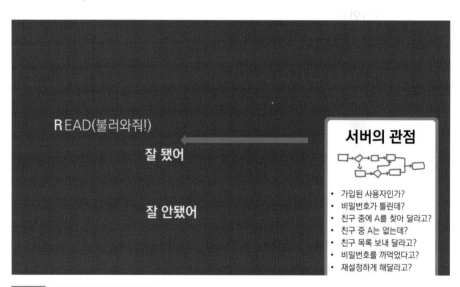

그림 4-6 ▶ 서버 입장에서 바라본 API 1

---

1 이런 이야기를 들으면 '운영체제 위에 돌아가는 프로그램을 개발자가 프로그래밍 언어로 코딩해서 만들었구나'라고 생각하실 수 있어야 합니다. 이 이야기가 이해가 안 된다면 2장을 꼭 다시 살펴보세요!

비전공자를 위한 이해할 수 있는 IT 지식

서, '친구 목록 담당' 부서 등 서로 다른 기능을 담당하는 50개의 부서로 나뉘어 있다고 가정해봅시다. 문제는 각 부서에서 '잘 됐어' 응답을 서로 다르게 줄 때 발생합니다. 50개의 서로 다른 '잘 됐어' 표현이 날아오는 겁니다. 받는 사람 입장에서는 아주 곤란합니다. 그 모든 표현을 하나하나 대응할 수 있게 코드를 만들어야 하죠. 우리야 'good'이 '잘 됐어'를 의미한다는 걸 바로 이해하지만, 컴퓨터는 코딩을 해줘야만 알 수 있습니다. 개발자들은 '잘 됐어'나 '잘 안 됐어'에도 체계가 필요하다고 생각했습니다.

그래서 '잘 됐어'는 200번대 코드(201, 202… 등등)로 표현하기로 정합니다. 숫자로 정해버리면 명확하니까요. '잘 안 됐어'는 두 가지 경우가 있을 수 있습니다. 클라이언트의 요청 때문에 잘 안 된 경우가 있고, 서버 내부적으로 잘 안 된 경우가 있습니다. 이 두 가지 경우를 다르게 표현하면, 문제가 생겼을 때

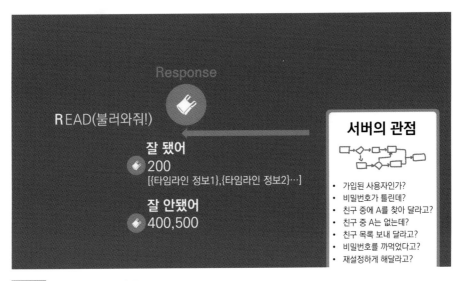

그림 4-7 ▶ 서버 입장에서 바라본 API 2

원인을 찾기 쉽겠죠. 그래서 클라이언트의 요청에서 문제가 있는 경우, 400번 대 코드(401, 404…)로 표현하기로 정했습니다. 반면 문제가 서버에 있는 경우, 500번대 코드(500, 501…)로 표현하기로 정했습니다.

더불어 응답에는 데이터가 필요할 수 있습니다. 예를 들어, 내 정보를 수정할 때는 먼저 내 정보를 불러와야 합니다. 그럼 '내 정보를 불러와 줘!'라는 요청을 보내고, 응답으로 정보를 받아야 하죠. 응답의 영어는 'Response'죠. 요청(Request)과 마찬가지로 응답(Response)도 데이터를 담을 수 있습니다. 이렇게 요청과 응답에 데이터를 담아 주고받음으로써 API 요청이 완성됩니다.

인터넷에 접속할 수 있는 상황이라면, 'HTTP 상태 코드'라고 검색해보세요. [그림 4-8]은 위키백과에 나오는 'HTTP 상태 코드' 문서입니다. 먼저 100번대와 300번대는 따로 설명하지 않았습니다. 우리는 훨씬 빈번하게 쓰이

그림 4-8 HTTP 상태 코드 검색 결과

출처: 위키백과

비전공자를 위한 이해할 수 있는 IT 지식

는 200, 400, 500번대만 보면 됩니다. 많은 코드가 있지만, 절대 암기할 필요는 없습니다. 대화에서 코드가 나타나면 200, 400, 500의 큰 틀에서 이해하시면 됩니다. 물론 그중에서도 자주 쓰이는 코드는 있습니다. 듣다 보면 천천히 익숙해지실 거예요. 예를 들면, 404라는 에러 코드는 많이 보셨을 겁니다. 보통 정의되지 않은 요청을 보낼 때 나타납니다. 즉, 서버는 문제없이 잘 돌아가고 있는데 요청이 이상하다는 이야기죠.

이렇게 API를 살펴봤습니다. 정리하면 API는 소프트웨어가 다른 소프트웨어의 기능을 쓰기 위해 중간에 필요한 체계입니다. 쉽게 말해, 기능을 사용하기 위해 주소로 요청을 보내면 응답을 해주는 소프트웨어끼리의 체계라고 이해하시면 됩니다.

자, API의 개념을 조금 더 확장해보겠습니다. 우리는 지금까지 두 개의 시스템을 봤습니다. 클라이언트와 서버죠. 하지만 다른 경우가 있을 수 있습니다. 한 컴퓨터에 여러 소프트웨어가 함께 있는 경우입니다. 예를 들어보죠. 내 컴퓨터에서 '○○ 소프트웨어'를 개발하는 중이라고 가정해봅시다. 그런데 문제가 생겼습니다. '○○ 소프트웨어'의 한 파트에 '한영 번역 기능'이 필요한 상황이 생긴 겁니다. 하지만 '한영 번역 기능'을 개발하기에는 시간과 돈이 너무 많이 필요합니다. 이때, 어떤 소프트웨어가 '한영 번역 기능'을 가지고 있고 우리는 그 소프트웨어의 '한영 번역 기능'을 사용하고 싶습니다. 서로 다른 시스템의 기능을 사용하기 위해서는 API가 필요합니다.

'○○ 소프트웨어'는 API를 사용하여 정해진 방법대로 '다른 소프트웨어'에 요청을 보냅니다. '다른 소프트웨어'는 요청대로 작업을 수행하고, 응답을

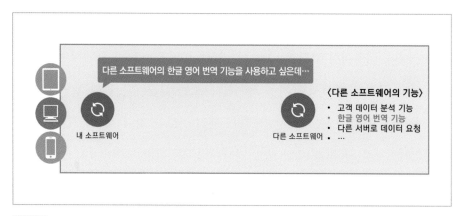

그림 4-9 ▶ 다른 소프트웨어의 기능이 필요한 상황 1

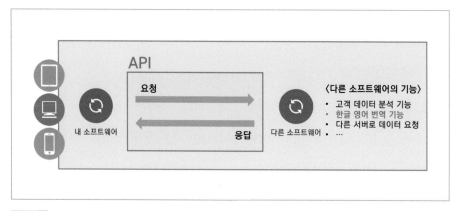

그림 4-10 ▶ 다른 소프트웨어의 기능이 필요한 상황 2

줍니다. 물론 API는 응답을 보내는 쪽에서 만들고, 요청을 보내는 쪽은 활용할 뿐이죠. 즉, 해당 API를 미리 만들어놓지 않았다면 쓸 수 없습니다.

이때 새로운 용어 하나가 더 등장합니다. 바로, SDK입니다. API를 제공해주는 '다른 소프트웨어'를 SDK라고 부릅니다. SDK는 Software Development Kit의 약자로, 소프트웨어를 개발하기 위한 도구입니다. 즉, '○○ 소프트웨어'

1. 내 소프트웨어에 구글 지도 SDK 설치
2. 구글 지도 SDK에서 제공해주는 API 사용

SDK
(Software Development Kit)

요청
응답

내 소프트웨어

구글 지도 SDK

그림 4-11 ▶ SDK 예시(구글 지도 SDK)

를 개발할 때 도움을 주는 '다른 소프트웨어'입니다. 보통 다른 회사와 협업할 때, SDK라는 이야기를 듣게 됩니다. 구체적인 예를 들어보겠습니다. 구글 지도는 구글에서 만든 소프트웨어입니다. 이때 다른 회사들도 구글에서 제공하는 지도 SDK를 설치하면 자신의 소프트웨어에 구글 지도 기능을 넣을 수 있습니다. 이 SDK에서 제공해주는 API들을 통해 구글 지도에 요청을 보낼 수 있습니다.

요청과 응답을
주고받을 때의 형식

이제 JSON이 뭔지 살펴보죠. API에서 우리는 클라이언트가 서버로 보내는 '요청(Request)'과 서버가 클라이언트로 보내는 '응답(Response)'에 대해서 공부했습니다. 그리고 요청과 응답을 할때는 데이터가 담길 수 있기에 데이터를 넣을 수 있는 '기능'을 같이 개발해야 한다는 것도 배웠습니다. 그런데 데이터를 넣을 수 있는 '기능'에는 여러가지 형식이 있습니다.

먼저 '형식'이 뭔지부터 살펴보겠습니다. 클라이언트가 서버로 '아이디, 요청 일자, 다른 정보'를 보낸다고 가정해봅시다. 그 정보들은 다양한 형식으로 보낼 수 있습니다. 먼저 대괄호를 쓰고, 콤마로 보낼 데이터를 정의한 뒤, 슬래시 4개를 쓴 다음 보내고자 하는 데이터를 적을 수 있습니다. 하나의 형식이죠. 혹은 중괄호 안에 키와 값 형식으로 데이터를 담을 수도 있습니다. 이 또한

그림 4-12 ► 여러 형식 예시 1

하나의 형식이죠.

즉, 무한개의 형식을 만들어낼 수 있다는 것이 바로 문제입니다. 요청을 보낼 때, 혹은 응답을 받을 때 각 요청이나 응답마다 형식이 다를 수 있겠죠. 그럼 그 형식을 처리하기 위한 코드를 또 적어줘야 합니다. 80개의 요청이 모두 형식이 다르면, 80개의 형식에 대응하는 코드를 적어줘야겠죠. 아주 비효율적입니다. 더 중요한 로직에 시간을 쏟아도 야근할 판에 형식에 시간을 쏟다니… 너무 슬픕니다.

그래서 개발자들은 생각합니다.

'유명한 형식을 다 같이 쓰면 안 될까?'

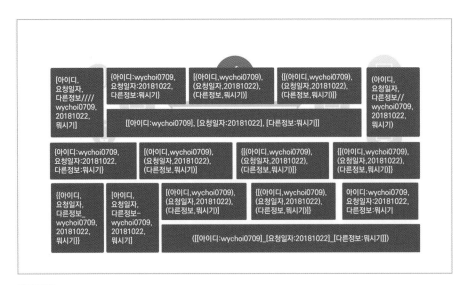

과거에는 XML이라는 형식이 널리 쓰였고 지금도 종종 쓰이긴 하지만, 현재 가장 유명한 형식은 JSON입니다. 자, 그럼 JSON이 어떤 모습인지 보겠습니다.

JSON은 중괄호로 시작합니다. 그리고 키(Key)와 값(Value)으로 이루어져 있습니다. 그 키와 값은 '콜론(:)'으로 구분합니다. 예를 들면 로그인 요청에서는 ID와 비밀번호가 필요합니다. 그 정보를 JSON으로 넘겨준다면, 키(Key)는 "id", "pw"가 들어갑니다. 그 키에 대해 사람마다 다른 값이 존재합니다. 예를 들어 제가 회원 가입한 아이디가 'wychoi'라면, "id"에 대한 값은 "wychoi"입니다. 비밀번호를 'a12345'라고 입력했다면 "pw"에 대한 값은 "a12345"입니다. 그 사이는 콜론으로 구분되어 있습니다.

하나 더 살펴보죠. 만약 쇼핑몰의 메인 페이지에서 상품 정보를 불러온다고

106   비전공자를 위한 이해할 수 있는 IT 지식

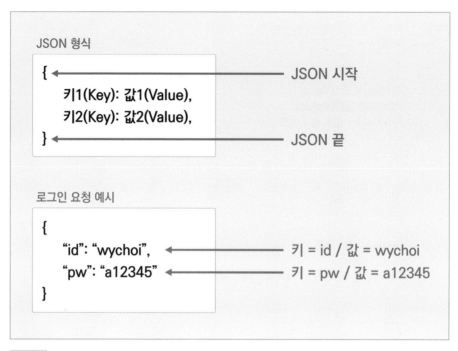

JSON 형식

```
{  ◄───────────────────────── JSON 시작
    키1(Key): 값1(Value),
    키2(Key): 값2(Value),
}  ◄───────────────────────── JSON 끝
```

로그인 요청 예시

```
{
    "id": "wychoi",   ◄────────── 키 = id / 값 = wychoi
    "pw": "a12345"    ◄────────── 키 = pw / 값 = a12345
}
```

그림 4-14 JSON 형식 1

가정해보겠습니다. 이때, 상품 정보는 하나만 불러오지 않습니다. 여러 상품 정보를 불러와야 하죠. 이럴 땐, 배열(Array)이라는 형식이 필요합니다. JSON에서는 대괄호 '['로 이 배열을 표시합니다. 즉, 상품1, 상품2, 상품3을 한 번에 불러오고 싶다면, ['상품1', '상품2', '상품3']이라고 적습니다.

이 JSON을 활용해서 개발자들은 이렇게 이야기합니다.

"그 정보는 JSON으로 보냈어요."

"로그인 API 응답 보낼 때, JSON 안에 같이 넣어서 보낼게요."

"그건 JSON에 들어있어요."

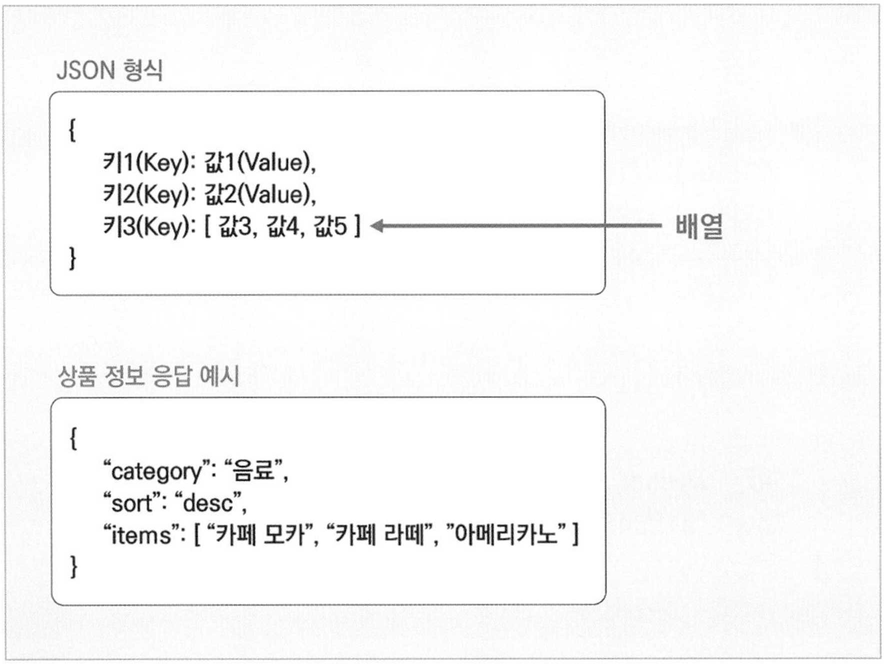

JSON 형식

```
{
    키1(Key): 값1(Value),
    키2(Key): 값2(Value),
    키3(Key): [ 값3, 값4, 값5 ]    ← 배열
}
```

상품 정보 응답 예시

```
{
    "category": "음료",
    "sort": "desc",
    "items": [ "카페 모카", "카페 라떼", "아메리카노" ]
}
```

그림 4-15 JSON 형식 2

대화를 보면 JSON이 마치 데이터를 주고받는 주머니 같습니다. 개발자들이 이렇게 이야기하는 이유는 JSON이라는 파일이 있기 때문입니다. 그 파일 안에 JSON 형식으로 데이터들이 들어갑니다. 우리는 다음과 같은 큰 맥락에서 이해하면 됩니다.

'클라와 서버는 요청과 응답을 주고받고, 그때 필요한 데이터들을 JSON 형식으로 주고받는다.'

이렇게만 이해하면 충분합니다. 이제 다시 1장에서 봤던 개발자와의 대화로 돌아가 봅시다.

기획: "혹시 저번에 말씀드린 아이콘 수정은 **언제까지 될까요?**"

개발: "아 그게 서버에서 이미지 URL을 보내줘야 하는데, API가 미완성인 것 같아요. JSON에 아이콘 URL만 빠져있네요…"

"클라는 URL이 안 오면 기본값이 뜨게 해놨어요. 그런데 제가 임의로 만들어서 좀 이상하게 보일 겁니다."

이제 개발자가 말하려는 바가 조금 이해되시나요? 아마도 저 개발자는 클라이언트 개발자인 것 같습니다. 서버 개발자가 API를 만들고, 위 개발자는 그 API를 사용해서 개발하겠죠. 그런데 요청을 보내고 응답을 받아보니, 받기로 했던 데이터가 없는 상황입니다. 그리고 그 데이터들은 JSON 형식으로 주고받고 있네요. 덧붙여 데이터가 없는 상황을 어떻게 처리했는지도(기본값이 뜨게 설정) 설명하고 있습니다. 이제 기획자인 여러분은 서버 개발자에게 가서 상황이 어떻게 진행되고 있는지 물어보면 됩니다. 4장에서 살펴봤던 대화도 다시 봅시다.

개발1: "ㅇㅇ님, 이거 원래 **POST**로 보냈을 때는, **200**이 왔거든요, 그런데 **PUT**으로 바뀐 다음에 **500**이 날아와요."

개발2: "그래요? 잠시만요!"

(파악 후)

"서버 수정했어요. 그런데 클라에서 보내주는 JSON에 필수 파라미터가 빠져있네요. 그렇게 다시 보내면 **400**이 날아갈 거예요. 확인 부탁드려요.

위의 상황을 보면 POST를 PUT으로 수정한 상황입니다. 아마도 회의를 통해 Create라고 생각했던 기능을 Update로 바꿨나 봅니다. 그런데 POST로 요청을 보낼 때는 200번대의 응답이 왔는데, PUT으로 바꾼 다음에는 500번대의 응답이 오고 있다고 하네요. 200번대는 아시다시피 '성공'을 의미합니다. 500번대는 서버의 문제로 인한 실패를 의미하죠.

개발1: "○○님, 이거 원래 **POST**로 보냈을 때는, **200**이 왔거든요, 그런데 **PUT**으로 바뀐 다음에 **500**이 날아와요."

'개발1'은 API를 사용하는 입장으로 보입니다. 즉, 클라이언트 개발자일 가능성이 높겠네요. 500이 날아온다고 얘기하는 걸 보니 '개발2'는 서버 개발자인 것 같습니다.

개발2: "그래요? 잠시만요!"

(파악 후)

"서버 수정했어요. 그런데 클라에서 보내주는 JSON에 필수 파

비전공자를 위한 이해할 수 있는 IT 지식

라미터가 빠져있네요. 그렇게 다시 보내면 **400**이 날아갈 거예요. 확인 부탁드려요."

'개발2'가 서버를 고쳤나 보네요. 다만, 아까 보냈던 요청을 살펴보니 JSON에 뭔가 빠져있다고 합니다. 그래서 400번대 에러가 뜬다고 이야기를 하고 있군요. 이제 어느 정도 보이시나요?

3

API 문서
살펴보기

우리는 API와 JSON을 배웠습니다. 이제 실제 API 문서들과 예시를 살펴보겠습니다. 서버(백, 백 엔드) 개발자와 클라이언트(클라, 프론트, 프론트 엔드) 개발자가 협업하고 있는 회사라면, API 문서가 존재할 거라고 생각합니다. 회사의 API 문서를 볼 수 있다면, 이 챕터가 끝난 뒤에 한번 살펴보시길 바랍니다. 4장에서 이야기한 모든 내용이 들어가 있을 겁니다. 더불어 지금부터는 API, JSON 내용이 섞여서 곳곳에 나타나니 이해가 안 되는 부분이 있다면 4장을 다시 천천히 읽어보세요.

깃 북(GitBook)은 깔끔한 API 문서 작성을 도와주는 서비스입니다. 해당 서비스가 보여주는 예시 문서([그림 4-16])를 살펴보죠. Get Cakes라고 보이시죠? 케이크를 달라는 API에 관해서 설명하는 문서입니다. 실제 케이크가 아니

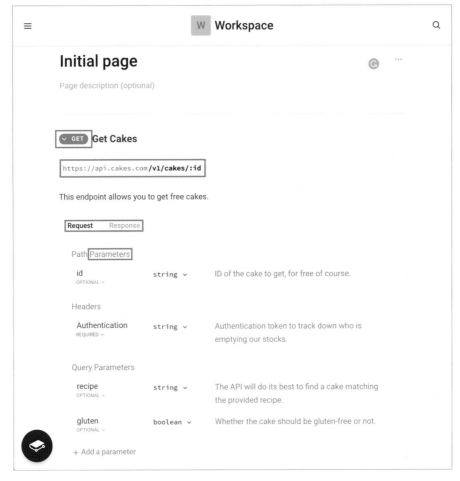

출처: GitBook

라 데이터입니다. 아마 실제 서비스에서는 '회원 정보'나 '타임라인' 같은 데이터일 겁니다. 구체적으로 하나씩 살펴보죠. 먼저 파란 GET이 보이시나요? 클라에서 서버로 요청을 보낼 때, 스티커를 붙여놓는다고 했습니다. GET 스티커는 Read를 의미합니다.

그리고 'https://api.cakes.com/v1/cakes/:id'라는 주소가 있습니다. 앞의 'https://api.cakes.com/'는 컴퓨터가 있는 위치입니다. 원래 IP 주소가 들어가는 곳이죠. 그 뒤에 'v1/cakes/:id'가 붙어 있습니다. 케이크를 CRUD하기 위한 주소입니다.

여기서 잠깐! 🖐 **도메인 네임**

IP 주소는 네트워크에서 잠깐 언급했습니다. 여기서 조금만 더 설명해보죠. 원래 IP 주소는 숫자로 이루어져 있습니다. 예를 들면, '175.193.166.211' 같은 모습입니다. 인터넷에 연결된 모든 컴퓨터는 다 저런 숫자들을 가지고 있습니다. 요청을 보내려면 저 숫자를 알아야 하죠. 하지만 숫자는 불편합니다. 여러분이 네이버에 접속한다고 생각해보죠. 그런데 네이버 주소가 숫자로 되어 있다면, 우린 그 숫자를 모두 외워야 합니다. 더욱이 네이버 이외에 수많은 서비스에 접속하려면 각 서비스의 숫자를 암기하고 있어야 합니다. 새로운 서비스 주소를 친구한테 말해주려고 해도 숫자를 나열해야 합니다.
"내가 어제 진짜 재밌는 사이트를 봤거든. 잠깐만⋯ 176.168.223.244로 들어가면 돼. 아니 269이 아니라 168이야."
너무 힘들겠죠. 그래서 사람들은 숫자 대신 '도메인 네임'이라는 것을 만들었습니다. 'www.naver.com' 같은 문자입니다. 의미를 지닌 문자는 사람들이 쉽게 외울 수 있으니까요. 도메인 네임만 치면, 우리가 알지 못하는 사이에 IP로 바뀌어서 컴퓨터의 위치를 찾습니다. 즉, 도메인 네임은 IP 주소와 같습니다.

조금 아래 요청(Request)과 응답(Response)이 있습니다. 그림에서는 Request가 선택되어 있네요. 그리고 우리가 배우지 않았던 Path Parameters, Header, Query Parameters가 나와 있네요. 이 구체적 구분들은 기획자 입장에서는 중요치 않습니다. 단, 파라미터(Parameter)는 배웠습니다. 메소드를 보낼 때 요청 변수라고 말씀드렸죠. 해당 요청을 보내기 위해 어떤 파라미터가 필요한지 확인할 수 있어야 합니다.

이제 응답(Response) 부분을 살펴보죠. 응답은 말씀드렸듯 둘로 나뉩니다. 잘 됐을 경우는 200번대, 안 되었을 때는 400번대 혹은 500번대 코드가 필요하죠. 그리고 응답의 데이터나 메시지를 JSON 형식으로 보내주고 있습니다. 200번대를 살펴보면, 케이크 이름, 케이크 레시피, 2진수의 케이크 데이터를

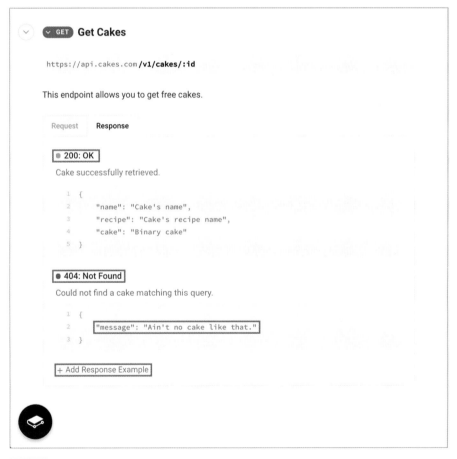

그림 4-17 ‘GitBook’서비스의 API 샘플 페이지 2

출처: GitBook

보내주고 있네요. 404번대의 메시지도 재밌네요.

"그런 케이크는 없다(Ain't no cake like that)."

말씀드렸듯 404는 서버에 없는 정보를 클라이언트에서 요청했을 때, 보내주는 코드입니다. [+ Add Response Example] 버튼을 통해 다른 메시지들도 추가할 수 있게 구성되어 있군요. API 문서는 이런 식으로 구성되어 있습니다.

우리가 지금 당장 볼 수 있는 API 문서는 네이버나 카카오 홈페이지에 있습니다. 네이버에서는 네이버 서버가 제공하는 다양한 기능을 일반 사람들이 쓸 수 있게 오픈해두었습니다. 개발자들은 네이버에서 제공하는 API 문서를 보며 그 기능을 사용할 수 있죠. 이런 API를 Open API라고 합니다.

그렇다면 왜 네이버는 서버의 기능을 개발자들이 쓸 수 있게 열어 놓았을까요? 이유는 여러 가지가 있을 수 있습니다. 맛집 검색 애플리케이션을 사용해본 경험이 있으신가요? 검색하면 검색창 밑에 네이버 블로그 후기가 뜹니다. 그럼 한 번이라도 더 네이버 블로그에 들어가 보게 되겠죠. 당연히 네이버 블로그의 영향력이 높아집니다. 영향력은 힘이자 돈입니다. 많은 사람이 포털에 방문하면 힘과 돈이 생기죠. 더불어 API 사용의 경우, 특정 횟수 이상은 돈을 받기도 합니다. 비즈니스 모델이 될 수 있죠. 프리미엄 기능에 대한 API를 따로 정해놓는 방식으로도 돈을 벌 수 있습니다. 이처럼 다양한 이유로 회사는 서버의 API를 오픈합니다.

이제 여러분은 API 문서를 읽고, 이해할 수 있습니다. 이해할 수 있다는 건 협업하는 사람에게 많은 것을 묻지 않고도 스스로 진행 상황을 파악할 수 있다는 의미이기도 합니다. 예를 들어 협업 중인 프로젝트에서 회원 정보에 생일을 추가하기로 했습니다. 그럼 회원 가입 API와 회원 정보 조회 및 수정 API에 대한 변경이 필요합니다. 물론 화면도 수정되어야 하죠. 화면 수정이 끝났는지는 결과물이 확실해서 볼 수 있지만, 서버 작업이 완료되었는지는 눈에 보이지 않습니다. 이때 API 문서를 읽고 이해할 수 있으면, 어느 정도 진행되었는지 스스로 예측할 수 있습니다.

API 문서의 어느 부분을 집중해서 봐야 하는지, 그걸 보면 어떤 내용을 알 수 있는지는 [부록]에 따로 정리해두었습니다. 부록의 내용을 이해하기 위해서는 뒤에 나오는 애플리케이션, 웹, 데이터베이스, 이미지 처리를 모두 이해해야 합니다. 차근차근 진도를 나아가주세요.

5장

애플리케이션

설치한 뒤 실행하는
애플리케이션의 특징

이번 장에서는 애플리케이션의 특징에 대해서 간단히 살펴보고, 웹과 애플리케이션이 어떻게 다른지 비교해보겠습니다. 먼저 애플리케이션이 뭘까요? 애플리케이션은 설치해서 사용하는 모든 프로그램입니다. 우리가 사용하던 윈도우에서는 이를 '응용 프로그램(Application Software)'이라 불렀습니다. 익숙한 이름이죠. 그런데 어느 순간 스마트폰이 등장하고, '앱', '애플리케이션'이라는 말이 퍼지기 시작하면서 데스크톱에 설치하는 프로그램은 '응용 프로그램'이라고 부르고, 스마트폰에 설치하는 프로그램은 '앱' 혹은 '어플' 혹은 '애플리케이션'이라고 부르게 되었습니다. 부르는 명칭은 다르지만 모두 같은 특징을 지니고 있는 '애플리케이션'입니다. 따라서 운영체제 위에 올라가는 프로그램, 설치해야 하는 프로그램, 응용프로그램, 애플리케이션, 어플, 앱, 모두 같은 그룹으로 이해하면 됩니다. 지금부터는 통칭해서 '애플리케이션'이라고 표현하겠습니다.

아이폰 개발자가 애플리케이션을 만들었다고 가정해봅시다. 개발자는 '1.0.0'과 같이 자신이 개발한 프로그램에 번호를 부여합니다. 이 번호를 버전이라고 부르죠. 점(.)을 기준으로 숫자가 3부분으로 나뉩니다. 회사마다 정책이 다를 수 있지만, 보통 오른쪽 끝자리는 작은 변화를 의미합니다. 1.0.1, 1.0.2와 같이 작은 변화가 있을 때마다 숫자 하나를 올려줍니다. 중간 숫자는 하위 버전과 호환이 가능하지만 큰 변화를 의미합니다. 그리고 왼쪽 끝자리는 하위 버전과 호환이 가능하지 않은 큰 변화를 의미합니다.

개발자는 1.0.0 버전의 애플리케이션을 코딩해 파일을 애플이 가지고 있는 서버 컴퓨터에 업로드합니다. 사람들은 앱스토어에 접속하여 1.0.0 버전의 애플리케이션을 다운로드합니다.

얼마 후, 개발자가 2.0.0으로 버전을 크게 업데이트했고, 애플이 가지고 있는 컴퓨터에도 2.0.0 버전의 애플리케이션을 올립니다. 하지만 이렇게 애플리케이션 버전이 업데이트되었다고 바로 사용자의 애플리케이션에 반영되는 것은 아닙니다. 사용자는 보통 귀찮아서 업데이트를 하지 않습니다. 그런데 어느 날 애플리케이션에 들어갔더니 다음과 같은 팝업이 뜹니다.

"새로운 버전이 나왔습니다."

팝업 창에는 누를 수 있는 버튼이 '업데이트하러 가기' 하나밖에 없습니다.

보통 게임에서 이런 업데이트를 강제하는 경우가 많습니다. 사람들을 조금 귀찮게 해서라도 모든 사람이 같은 버전을 사용하게 만들기 위함입니다. 게임 내에 새로운 캐릭터를 만들었는데, 어떤 사람은 선택할 수 있고, 어떤 사람은 선택이 불가능하면 안 되겠죠.

물론 모바일에서만 애플리케이션의 업데이트를 요청하는 건 아닙니다. 데스크톱에서도 같은 일들이 일어납니다. 윈도우를 사용하다보면 압축 프로그램, 동영상 재생 프로그램, 에버노트 같은 프로그램이 새로운 버전이 나왔다고 팝업을 띄웁니다.

만약 누군가는 업데이트를 하고, 누군가는 업데이트를 하지 않는다면 어떤 문제가 발생할 수 있을까요?

버전 1.0.0에서 아래와 같은 공지를 애플리케이션에 넣어놨다고 가정해봅시다.

"우리 서비스의 가격은 10,000원입니다."

그런데 시간이 흘러 가격이 올랐고, 버전 1.0.1로 업데이트를 하며 변경된 가격 20,000원으로 공지를 바꿉니다.

"우리 서비스는 20,000원입니다."

이제 무슨 문제가 발생할까요? 버전 1.0.0을 사용하는 사람들에게는 여전히 10,000원으로 보인다는 점입니다. 10,000인줄 알고 결제하려했더니 20,000원이 되어 있는 황당한 상황을 겪게 되는 거죠. 그래서 변동이 가능한 회사 정책에 관한 정보는 보통 애플리케이션에 넣지 않습니다. API로 서버에서 불러오게 만들죠.

마지막으로 앱 생태계를 살펴보겠습니다. 모바일은 '앱 마켓'이 있습니다. 애플리케이션을 올려놓고 판매할 수 있는 시장이죠. iOS에서는 '앱스토어'라고 부르고, 안드로이드에서는 '구글 플레이 스토어'라고 부릅니다. 이 시장에서 사람들은 애플리케이션을 검색하고 다운로드합니다. 이때 사람들은 이 시장을 소유하고 있는 회사들의 룰을 따릅니다. iOS는 애플, 구글 플레이 스토어는 구글이죠. 이 두 회사는 각 스토어의 룰을 조금 다르게 설정해놓았습니다. 애플은 깐깐합니다. 직원이 직접 애플리케이션을 살펴봅니다. 버그가 있으면 앱스토어에 올리는 걸 거절합니다. 이걸 '리젝(Reject)'이라고 합니다. 따라서 iOS 개발자에게서는 종종 리젝되었다는 말들이 오고 갈 겁니다. 하지만 리젝되었다고 해서 걱정하실 건 없습니다. 애플에서 리젝 사유를 명확하게 제시해주며, 해당 문제만 고쳐지면 통과시켜 줍니다.

한 가지 고려해야 할 점은 애플 직원들의 수보다 전 세계에 분포하고 있는 개발자들의 수가 훨씬 많다는 것입니다. 따라서 심사 신청이 적으면 심사 기간이 짧아지고, 신청이 많으면 그만큼 심사 기간이 늘어납니다. 평균적으로 애플에서 제시하고 있는 기간은 하루이지만, 더 오랜 시간이 걸릴 수도 있습니다. 물론 급하게 심사를 받아야 할 경우, 합당한 사유를 적어서 '빠른 심사'를 요청할 수도 있습니다만, 그럼에도 불구하고 기획자는 앱스토어의 경우 계획을 보수적으로 세워야 합니다.

반면 안드로이드는 상대적으로 심사 과정이 거의 없습니다. 플레이 스토어에 업로드하면 빠른 시간 안에 마켓에 반영됩니다. 보통 반나절 정도 소요됩니다.

애플과 구글에서는 스토어 지침을 웹에 올려놓았습니다. 구글에 'App Store 심사 지침'이라고 검색해보세요. 애플의 심사 지침을 알 수 있습니다. 마찬가지로 '구글 플레이 개발자 정책 센터'라고 검색하면 구글의 심사 지침을 알 수 있습니다.

이렇게 보면 안드로이드가 더 편할 것 같다는 생각이 듭니다. 하지만 그렇지 않습니다. 만약 구글의 지침에 맞지 않는 애플리케이션이 있다면, 구글은 예고 없이 마켓에서 내려버립니다. 그리고 해당 애플리케이션의 복구에 대해 구글과 논의하려면 정말 오랜 시간이 걸립니다. 새롭게 마켓에 업로드하는 게 더 빠르다는 이야기가 나올 정도입니다. 반면 애플은 사전에 테스트를 진행하기에 이런 경우가 적습니다. 물론 애플의 지침에 어긋난 걸 발견한다면, 애플 역시 경고장을 보내고 수정하지 않을 경우 애플리케이션을 내리는 등 추가 조치를 취합니다. 다만, 구글보다 논의가 더 빠르고 활발하다는 점에서 차이가 있습니다.

더불어 두 마켓은 서로 다른 마켓 생태계를 가지고 있습니다. 애플은 사전 심사를 깐깐하게 하기 때문에 앱스토어의 애플리케이션 수는 플레이 스토어보다 적습니다. 대신 대부분의 애플리케이션이 정상 동작하고 깔끔합니다. 반면 구글 플레이 스토어는 사전 심사가 느슨해 앱스토어보다 더 많은 애플리케이션이 있지만, 이상한 애플리케이션이나 동작하지 않는 애플리케이션도 많다는 점을 알아두세요.

6장

웹(Web)

웹은 어떻게 이루어져 있고,
어떻게 동작할까?

웹에서는 크게 4가지 이슈를 다룹니다. 먼저 HTML, CSS, JavaScript로 이루어진 웹의 기본적인 내용을 살펴봅니다. 두 번째로는 브라우저를, 세 번째로는 반응형 웹에 대해서 이야기합니다. 그리고 마지막으로 하이브리드 애플리케이션을 살펴봅니다. 웹과 애플리케이션은 비슷하면서도 서로 다른 특징을 가지고 있기 때문에 비교를 통해 명확히 설명하도록 하겠습니다. 자 그럼, HTML 이야기부터 시작하겠습니다.

HTML(Hyper Text Markup Language)의 시작은 '유럽 입자 물리 연구소 (CERN)'였습니다. 당시 연구소에서 일하던 '팀 버너스리'는 연구소 내의 직원들이 수많은 정보들을 주고받는 상황에서 한 가지 문제를 발견했습니다. 직원들이 서로 다른 운영 체제나 애플리케이션을 사용하고 있다는 점이었습니다.

윈도우 사용자와 맥 사용자가 각각의 운영체제(OS)에서만 호환되는 파일을 주고받는다면 서로 파일을 열지 못해 문제가 생기겠죠. 이를 해결하기 위해서는 운영체제나 프로그램에 상관없이 일정한 형식이 언제나 동일하게 보이도록 하는 새로운 개념이 필요했습니다. 그래서 그는 일정한 형식(HTML)으로 작성한 문서를 제안합니다. HTML 문서는 운영체제에 상관없이 브라우저만 있으면 스마트폰에서도, PC에서도, 노트북에서도, 윈도우에서도, 맥에서도, iOS나 안드로이드에서도 모두 웹사이트에 접속하여 동일한 정보를 볼 수 있도록 해줬습니다.

이를 통해 팀 버너스리는 모든 정보가 자유롭게 공유되는 세상, 즉 웹을 통해 누구나 쉽게 정보에 접근할 수 있는 오늘날의 위키백과와 같은 모습을 꿈꿨습니다. HTML 코드들을 보면 위키백과와 같이 정보를 체계화하는 코드들이 존재합니다. 예를 들면 ⟨h⟩는 Header(대제목)를 의미하죠. ⟨p⟩는 Paragraph(문단)를 의미합니다. ⟨ol⟩은 Ordered List(순서가 있는 목록)를 의미하고, ⟨ul⟩은 Unordered List(순서가 없는 목록)를 의미합니다. 이렇게 정보를 표현하기 위한 코드를 '태그'라고 부릅니다. '태그'는 HTML을 구성하는 코드입니다. 태그 중에는 한 HTML 문서에서 다른 HTML 문서로 이동할 수 있게 해주는 ⟨a⟩라는 태그가 있습니다. 우리에게 익숙한 '링크'라는 개념입니다. 정보를 자유롭게 나눌 목적에 딱 맞는 기능이라고 할 수 있죠.

여기서 주의해야 할 사항은 HTML이 프로그래밍 언어가 아니라는 점입니다. HTML은 컴퓨터에게 특정 일을 시킬 수 있는 언어가 아닌 단지 브라우저가 볼 수 있는 문서를 적는 언어입니다.

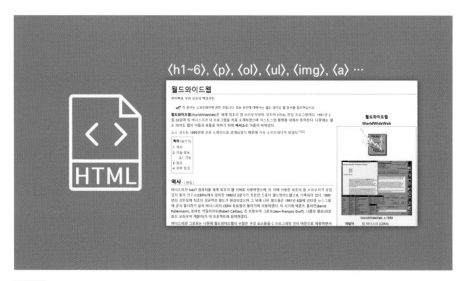

그림 6-1 ► HTML

이렇게 만들어진 HTML을 이용해 많은 사람들이 정보를 교환하기 시작했습니다. 그러던 중 사람들은 점차 이런 생각을 하기 시작합니다.

'내가 이 앞에 레스토랑을 열었는데, 오픈 시간이나 마감 시간, 메뉴 등을 사람들에게 알려줄 순 없을까?'
'웹을 통해 회사를 멋있게 소개하고 싶은데?'

문제는 HTML이 정보 전달에만 초점을 맞추다보니, 디자인 기능이 부족하다는 것이었습니다. 쉽게 말해, 워드프로세서나 한글 프로그램처럼 단지 글자를 강조하기 위한 이텔릭(기울어진 서체), 볼드(굵은 서체)와 같은 기능들이 주를 이뤘던거죠. 도형을 만들거나 정렬을 맞추거나 하는 등의 디자인적 요소를 입히기 어려웠습니다.

　사람들은 포토샵이나 일러스트레이터 같은 디자인 기능을 원했기 때문에 HTML에 디자인을 입힐 수 있는 코드인 CSS(Cascading Style Sheets)를 붙였습니다. 이를 통해 HTML에 디자인을 입힐 수 있게 되었죠. 또한 이렇게 코드가 분리되자 HTML 코드는 정보만 표현하고, CSS 코드는 디자인만 표현할 수 있어서 깔끔해졌습니다. 디자인을 수정하고 싶으면 CSS만 찾아서 바꾸면 되고, 정보를 수정하고 싶으면 HTML 코드만 바꾸면 되니까요.

　HTML과 CSS를 합쳐서 '퍼블리싱' 작업이라고 표현하고, 이 작업을 하는 사람들을 '퍼블리셔'라고 부릅니다. '마크업'이라는 말도 종종 등장합니다. '마크업 디자인', '마크업 작업', '마크업 개발자' 등등의 방식으로 불리죠. 마크업의 M은 HTML(Hyper Text Markup Language)의 M을 뜻합니다. 즉, HTML 작업을

그림 6-2 ⊩ CSS

마크업 작업이라고 부르고, HTML 작업을 주로 하는 분들을 마크업 개발자라고 합니다(상황에 따라 마크업을 담당하시는 분들이 CSS를 함께 작업하기도 합니다).

'링크 말고 좀 다른 기능을 붙이고 싶은데…'

'API 요청을 주고받고 싶어.'

'장바구니에 물건을 넣고 싶은데… 어떻게 만들지?'

'로그인과 회원 가입을 어떻게 시키지?'

웹이 더욱 널리 쓰이게 되면서 또 다른 기능을 원하는 사람들이 생겨났습니다. 위 기능들은 HTML과 CSS로는 힘든 기능들로, 프로그래밍 언어가 필요합니다. 그래서 웹 쪽에서는 'JavaScript'라는 언어가 프로그래밍 언어의 역할을 하게 됩니다. 줄여서 'js'라고 부르기도 하죠. (JavaScript로 코딩된 파일 확장자가 js이기도 합니다.)

그렇다면 JavaScript와 자바는 무슨 관계일까요? 사실 이름만 비슷할 뿐 이 둘은 아무 관계가 없습니다. 돌아다니는 우스갯소리로는 이 둘의 관계를 '코끼리와 바다코끼리의 관계' 혹은 '인도와 인도네시아의 관계'라고 이야기하기도 합니다.

이제 네이버 홈페이지를 보며, 웹을 하나하나 뜯어 살펴보겠습니다. 먼저 크롬에서 네이버 홈페이지를 열어보세요. 그리고 네이버 홈페이지 어디에서든 마우스 오른쪽 버튼 클릭 하고 '검사'를 눌러보세요. 그럼 [그림 6-4]와 같은 창이 뜹니다.

비전공자를 위한 이해할 수 있는 IT 지식

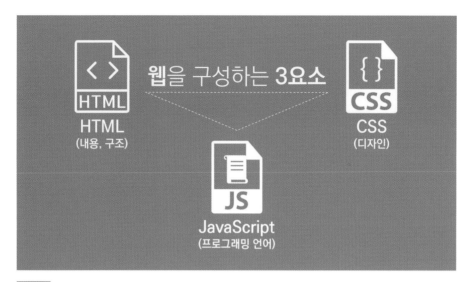

그림 6-3 ▸ JavaScript

이 창은 현재 페이지의 HTML, CSS를 보여줍니다. 다른 탭으로 가면 더 많은 정보를 볼 수 있죠. 여기서는 HTML을 살펴보겠습니다. HTML은 〈head〉와 〈body〉로 이루어져 있습니다. 〈head〉에는 이 홈페이지의 정보가 들어갑니다. 〈body〉는 실제 HTML 태그들이 들어갑니다. 이제 〈head〉를 열어서 내용을 살펴보죠.

```
<link rel="stylesheet" type="text/css" href="XXXX.css">
```

조금 내려가 보면 위와 같은 태그가 존재합니다. CSS 파일이 연결된 모습이죠. 여러 파일들이 모여서 디자인을 입혀줍니다.

그림 6-4 ▶ 크롬에서 네이버 홈페이지 HTML을 살펴본 모습

<script type="text/JavaScript" src="XXXX.js"></script>

조금 내려가면 이런 태그도 존재합니다. JavaScript 파일이 연결되어 기능을 입혀줍니다. JavaScript 또한 여러 파일들이 연결되어 있습니다.

이제 〈head〉를 한번 제거해보겠습니다. 데스크톱이 있는 분들은 따라서 진행해보세요. 〈head〉 위에 마우스를 가져다 놓고 오른쪽 버튼을 누릅니다. 그리고 'Delete element' 버튼을 누르면 됩니다. [그림 6-5]와 같이 네이버 홈페이지를 꾸며주던 요소들이 모두 지워진 것을 볼 수 있습니다. 〈head〉의 CSS가 없어진 HTML 본연의 모습, 정보들만 정리된 모습입니다. 확실히 CSS가 없어지니 안 예쁩니다.

이제 HTML과 CSS는 어느 정도 감이 옵니다. 그럼 JavaScript는 이 페이지

네이버 홈페이지의 CSS가 제거된 모습

에서 무슨 역할을 하고 있을까요? 위 그림의 검색창 아래 "한글 입력기"와 "메일" 부분을 봅시다. 지금은 아무것도 없죠. 제가 이제 검색창에 "a"를 입력해보겠습니다.

[그림 6-6]에 보이는 것처럼 갑자기 HTML이 바뀌었습니다. 새로운 부분이 추가됐네요. 지금 그림에는 'a3 스틸얼라이브'가 가장 상단에 있습니다. 하지만 2019년 중순에 a를 입력했을 때는 "a whole new world 가사"라는 키워드가 가장 상위에 떠 있었습니다. 그리고 어느 순간에는 'A형독감'이라는 키워드가 가장 위에 있었죠. 이 말은 무슨 의미일까요? 검색어를 입력했을 때 뜨는 추천 검색어는 "실시간"으로 이뤄진다는 말입니다. 지금 사람들이 가장 많이 검색하는 키워드를 보여주는 거죠. 그럼 a를 치는 순간 무슨 일이 일어나는지 설명해보죠. a를 치면 JavaScript가 '사용자가 a를 쳤다'는 것을 감지합니다.

'a'에 대한 실시간 추천 검색어를 불러온 모습

그리고 그 a에 해당하는 실시간 검색어 목록을 조회하는 API 요청을 네이버 서버로 보냅니다. GET 요청이겠죠. 그럼 네이버 서버는 a에 대한 실시간 검색어 목록을 정리해서 응답해줍니다. JSON 형식으로 날아오겠죠. JavaScript 는 그 응답을 열어서 HTML로 바꿉니다. 필요하다면 CSS도 추가할 수 있겠죠. 그리고 해당하는 부분에 끼워 넣어줍니다. 이 모든 동작은 프로그래밍 언어인 JavaScript만 할 수 있습니다. HTML과 CSS에는 이런 기능이 없습니다.

이제 크롬에서 제공해주는 다른 기능도 살펴보죠. 크롬의 Network 탭에 들어가면 해당 화면의 인터넷 속도를 조절할 수 있습니다. 크롬에서 제공해 주는 기능입니다. 제가 임의로 가장 느린 속도를 만들어서 very slow 속도를 지정해보겠습니다. 그리고 새로 고침을 눌렀습니다. 가장 먼저 어떤 파일이 다운로드가 됩니다. 그 파일을 눌러보죠. 그럼 [그림 6-7]처럼 우리가 배웠던 몇

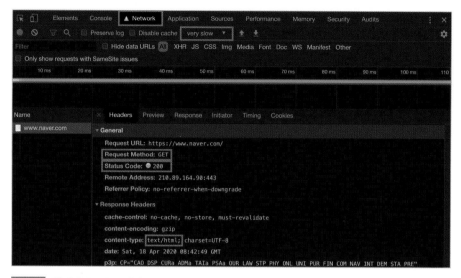

그림 6-7 웹 페이지를 새로 고침하면 불러오는 파일의 모습1

가지 단어가 등장합니다. 먼저 GET 요청이 보이는군요. 조회 기능입니다. 뭔가를 '불러와줘'라는 신호를 보내고 있습니다. 200이 보이네요. 성공적으로 불러온 모양입니다. 무슨 파일일까요? 조금 밑을 보니 'text/html'이 보입니다. HTML 문서부터 불러온다는 사실을 알 수 있습니다.

이렇게 HTML 문서를 모두 불러오고 나면 [그림 6-8]처럼 HTML에 연결된 CSS 파일, 이미지 파일, JavaScript(.js)파일, 폰트 파일(.woff 등) 등 여러 파일이 다운로드가 됩니다. 그리고 왼쪽 웹 페이지가 하나씩 채워집니다.

이제 다시 Elements 탭으로 돌아가 보죠. 이번엔 네이버를 좀 부숴보겠습니다. [그림 6-9]는 네이버를 부순 결과입니다. HTML 위에서 오른쪽 버튼 클릭 후 Delete element를 누르면 HTML의 일부를 지울 수 있습니다. 잘 보면 검색창이 없습니다. 로그인 버튼도 없죠. 중간중간 이미지들도 없습니다. 비디

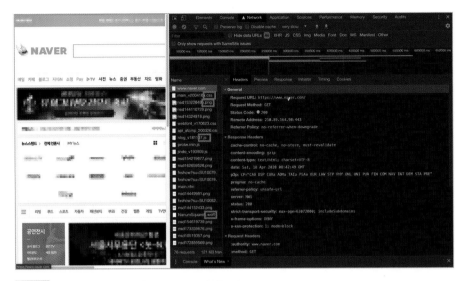

그림 6-8 웹 페이지를 새로 고침하면 불러오는 파일의 모습 2

오도 없어졌습니다. 이렇게 body 자체를 없애면 아예 모든 화면을 날릴 수도 있습니다. 자 이제 무슨 일이 벌어질까요? 검찰에서 전화가 올까요? 저는 네이버 홈페이지를 부순 죄로 벌금을 물거나, 감옥에 가게 될까요? 아닙니다. 아무일도 일어나지 않습니다. 제가 HTML을 지운 건 의미 없는 행동이니까요. 이부분이 웹의 가장 큰 특징입니다.

HTML, CSS, JavaScript 완성본은 모두 서버에 있습니다. 아까 보셨지만 GET 요청으로 HTML 문서를 받아왔죠. 서버에 있는 HTML 문서를 가져온 겁니다. 그렇게 HTML을 불러온 뒤, HTML과 연결된 CSS, JavaScript, 이미지, 폰트, 동영상 등등의 파일을 다시 다운로드합니다. 그 말은 무슨 말일까요? 여러분의 컴퓨터에 있는 HTML, CSS, JavaScript는 모두 '사본'입니다. 아까 저는 네이버 홈페이지를 부쉈습니다. 그건 서버에 있는 원본을 건드린 게 아니라

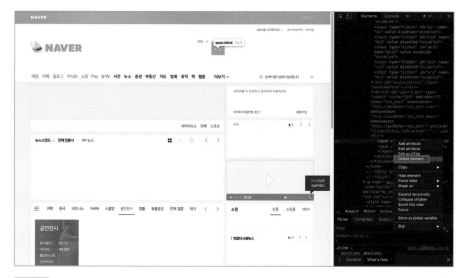

그림 6-9 ▶ 네이버 HTML 요소를 제거하는 모습

제 컴퓨터에 다운로드된 HTML 사본의 일부분을 지운 겁니다. 의미 없죠. 새로 고침하면 다시 HTML 원본부터 다운로드받습니다. 그리고 CSS, JavaScript 등등도 다시 다운로드받죠. 이 부분이 웹과 애플리케이션을 가르는 가장 큰 차이점입니다. 비교해서 살펴보죠.

애플리케이션을 1.0.0에서 2.0.0으로 변경하기 위해서는 업데이트가 필요합니다. 모바일이라면 심사도 필요하죠. 그렇게 업데이트된 결과를 유저가 다운로드해야 합니다. 그래야 변화가 반영됩니다. 하지만 웹은 다릅니다. 그냥 서버의 원본을 바꾸면 됩니다. 그럼 '새로 고침'할 때, 바뀐 HTML, CSS, JavaScript, 이미지 등등의 파일이 다시 다운로드됩니다. 심사 과정도 없고 유저의 업데이트 과정도 없습니다. 새로 고침하면 자동으로 반영됩니다.

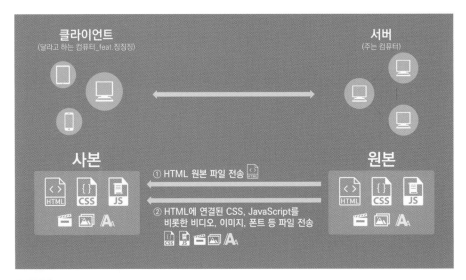

그림 6-10 서버에 저장되어 있는 원본. 그리고 우리가 보는 사본

'그럼 새로 고침 안 하면 반영이 안 되는 건가?'

이런 생각도 듭니다. 맞습니다. 새로 고침을 하지 않으면 반영이 되지 않습니다. 그런데 우리가 새로 고침하지 않고 얼마나 버틸 수 있을까요? 웹에서는 나갔다 들어오는 행위가 바로 새로 고침입니다. 다른 페이지를 갔다가 돌아와도 새로 고침입니다. 탭을 껐다가 켜도 새로 고침입니다. 결국 유저는 새로 고침을 할 수밖에 없습니다.

웹과 애플리케이션은 각각 장점과 단점을 가지고 있습니다. 먼저 웹은 수정이 용이합니다. 원본만 수정하면 유저가 업데이트하지 않아도 새로 고침하면 반영됩니다. 빠르게 적용할 수 있죠. 하지만 애플리케이션은 그렇지 않습니다. 오래 걸리죠. 재미있는 건, 웹의 장점이었던 '새로 고침'이 사실 웹의 단

　　　　　　　　　　　비전공자를 위한 이해할 수 있는 IT 지식

점이기도 하다는 것입니다. 웹은 항상 새로 고침을 해야 합니다. 매번 HTML, CSS, JavaScript를 다운로드받아야 하죠. 네트워크가 빠른 환경이면 괜찮습니다. 하지만 우리가 살아가는 세상의 네트워크가 항상 빠른 것은 아닙니다. 불꽃 축제에 가보셨나요? 인터넷이 마비됩니다. 카페에 혼자 있을 때는 잘 동작하던 인터넷이 사람이 많아지면 급격히 이상해집니다. 우리는 인터넷이 1~2초만 느려져도 못 견딥니다. 웹은 이 네트워크의 영향을 크게 받습니다. 반면 애플리케이션은 웹보다 효율적으로 네트워크의 영향을 조금만 받도록 만들 수 있습니다. 대표적인 애플리케이션이 카카오톡입니다. 카카오톡은 여러분의 대화 내역을 여러분의 기기(스마트폰, 노트북 등)에 저장합니다. 새로운 대화만 불러오죠. 그 때문에 카카오톡을 쓰다 보면 용량이 너무 커져서 대화방을 나가야 하는 경우가 생길 수 있습니다. 대화방을 나가면 저장된 대화를 없애 용량을 확보할 수 있겠죠. 이런 방식으로 카카오톡은 속도 이슈를 해결했습니다. 다른 대표적인 애플리케이션은 에버노트입니다. 에버노트는 오프라인 상태로도 노

애플리케이션	웹
① 코드 수정	① 코드 수정
② 모바일일 경우 **마켓에 업로드 (심사 필요)** 데스크톱일 경우 **서버에 업로드**	② 원본 파일을 수정된 파일로 **교체**
③ 사용자들이 **각각 버전 업데이트**	③ 변경 완료
④ 변경 완료	

그림 6-11 ▶ 요소를 수정할 때 애플리케이션과 웹의 차이

트를 만들 수 있습니다. 그리고 온라인 상태가 되면 "동기화"가 이루어지죠. 인 터넷에 상관없이 서비스를 사용할 수 있게 만든 것입니다.

2

웹 개발하다가
못 해 먹겠다고 말하는 이유

브라우저를 한번 살펴보죠. 우리는 [그림 6-12]에 있는 5개의 브라우저 (크롬, 익스플로러, 파이어폭스, 오페라, 사파리)에 익숙합니다. 전 세계적으로 가장 큰 점유율을 차지하는 브라우저들입니다. 먼저 이 브라우저들은 HTML, CSS, JavaScript를 받아서 읽습니다. 그리고 HTML에 적힌 대로 정보를 보여주고, CSS에 적힌 대로 디자인을 입혀주며, JavaScript에 적혀있는 그대로 동작하죠. 그게 브라우저가 하는 일입니다.

이제 한번 생각해봅시다. 노트북, 데스크톱에서 크롬을 통해 웹 페이지를 보신 경험이 있으시나요? 그렇다면 그 전에 익스플로러 혹은 사파리에 들어가서 크롬을 다운로드해 설치하셨을 겁니다. 그래야 크롬을 실행할 수 있으니까요. 다운로드와 설치가 필요하다는 건 어떤 의미일까요? 크롬이 '애플리케이

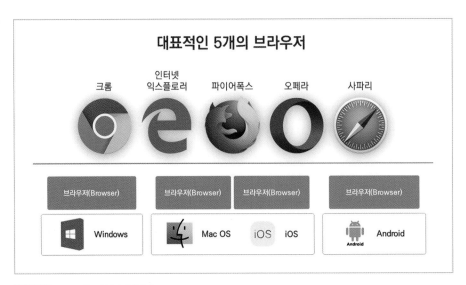

그림 6-12 ▶ 대표적인 5개의 브라우저

션'이라는 것입니다. 다른 브라우저들도 마찬가지입니다. 모두 애플리케이션입니다. 우리는 앞 장에서 '웹과 애플리케이션'의 차이에 대해서 공부했습니다. 애플리케이션이 어떤 특징을 가졌는지도 살펴봤죠. 애플리케이션은 사용하는 사람들에 따라서 버전이 다를 수 있습니다. 그리고 브라우저 자체도 다를 수 있죠.

이게 왜 문제가 될까요? [그림 6-13]을 보죠. 시간이 흐르며 HTML과 CSS, Javascript에는 새로운 기능들이 추가가 됩니다. 자연스레 각 언어들의 버전도 올라가게 되죠. 인터넷 익스플로러 (Explorer) 역시 시간이 흐르며 새로운 버전으로 계속 업그레이드가 됩니다.

이제 생각해보죠.

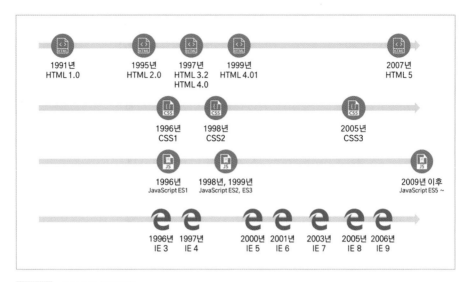

그림 6-13 ▶ 웹 기술의 발전과정

인터넷 익스플로러 4버전은 CSS 2에서 추가된 기능을 알 수 있을까요? 혹은 인터넷 익스플로러 8버전에서 HTML 5의 기능들이 정상적으로 돌아갈까요?

답은 '아니다' 입니다. 여기서 문제가 발생합니다. 각 브라우저는 서로 다른 애플리케이션이기 때문에 브라우저에 따라 그 안의 구현 방식이 다릅니다. 즉, HTML, CSS, JavaScript의 특정 기능이 버전별로, 브라우저별로 작동할 수도 있고, 작동하지 않을 수도 있다는 의미죠. 누구는 인터넷 익스플로러를 쓰고, 누구는 크롬을 쓰고, 누구는 사파리를 쓰는 복잡한 상황에서 웹 프론트 개발자는 소비자의 브라우저 버전과 종류에 맞춰 정상적으로 동작할 수 있도록, 추가로 코드를 작성해야 합니다. 이 문제를 '브라우저 버전의 파편화'라고 부르고,

문제 해결을 위한 코딩을 '파편화를 잡는다'고 표현합니다. 클라이언트, 웹 프론트 엔드, 퍼블리싱 작업을 하시는 분들이 힘들어하는 주된 이유 중 하나입니다.

해외에 'caniuse.com'이라는 유명한 사이트가 있습니다. 이름에서 볼 수 있듯 '내가 이걸 쓸 수 있어?'라고 물어보는 사이트입니다. 그림에서 보는 것처럼 CSS Grid Layout이라는 기술은 인터넷 익스플로러 6~9와 오페라 Mini라는 브라우저에서는 돌아가지 않습니다. QQ Browser 등의 브라우저에도 돌아가지 않네요.

이제 이런 생각이 드실 겁니다.

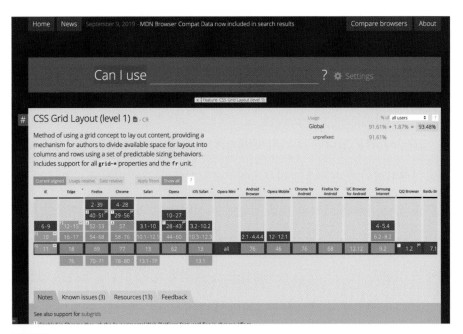

그림 6-14 CSS의 사용 가능 여부를 찾아볼 수 있는 서비스

출처: caniuse.com

'아니 저 많은 브라우저의 파편화를 어떻게 잡지?'

사실 모두를 만족시킬 필요는 없습니다. 중요한 건 '점유율'입니다. 우선 전 세계 점유율을 확인해보셔야 합니다. 점유율이 아주 작은 브라우저 버전까지 충족시키느라 회사의 인적 자원과 시간을 쏟아붓는 건 큰 낭비일 수 있습니다. 더욱이 국내 서비스라면 국내 사용자 점유율을 조사해보고, 따져봐야 합니다. 이런 고민들은 개발자만의 것이 아닙니다. 시장과 소비자에 대해 이해도가 높은 사람들이 있다면 함께 고민하고 의사 결정해야 합니다.

반응형으로 코딩하면 더 비싸나요?
(그게 뭔데요?)

이제 '반응형 웹'이 도대체 뭔지 알아봅시다. 우리가 쓰는 모니터를 생각해봅시다. 모니터는 항상 [그림6-15]와 같은 모습입니다. 과거의 모니터도 저런 모습이었죠. 그래서 웹을 개발하는 사람들은 생각했습니다.

'웹 페이지를 만들 때 양옆을 잘라서 적당한 해상도를 맞추면 다들 비슷하게 보이겠구나!'

이런 이유로 과거 웹 페이지들은 양옆이 잘려 가운데에 콘텐츠가 모여있는 형태로 디자인되어 있습니다. 네이버, 다음과 같이 역사가 오래된 페이지들을 살펴보세요. 크롬에서 Ctrl(윈도우) / Command(맥) 버튼을 누른 상태로 '-'버

비전공자를 위한 이해할 수 있는 IT 지식

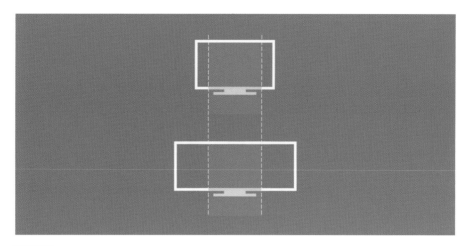

모니터의 모습

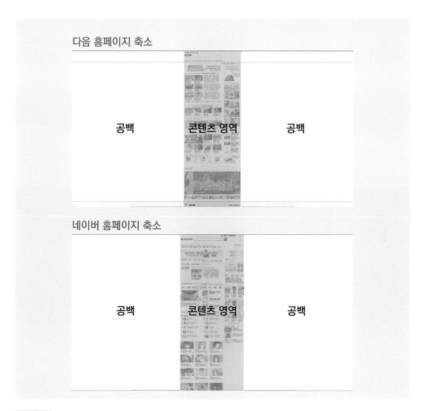

다음과 네이버의 홈페이지를 축소했을 때

튼을 누르면 화면이 줄어듭니다. 양옆이 비어있는 걸 보실 수 있을 거예요.

하지만 시간이 흘러 스마트폰과 태블릿이 등장하면서 문제가 생겼습니다. 스마트폰으로 'PC 버전' 웹을 볼 때면 [그림6-17]과 같이 화면이 잘려서 보이는 것이었습니다. 오른쪽으로 넘기고, 확대 / 축소하며 불편하게 웹을 확인해야 했습니다. 태블릿도 불편하긴 마찬가지였죠.

그래서 네이버, 다음과 같은 회사들은 'm.naver.com' / 'm.daum.net' 같이 주소 앞에 'm'이 붙는 '모바일용 웹 페이지'를 따로 만들었습니다. 그런데 모바일과 PC 버전 웹 페이지를 따로 만들어서 출시하는 것은 불편합니다. 디자인을 바꾸기 위해서는 서로 다른 CSS 파일을 수정해야 하기 때문입니다(내용을 수정해야 한다면, HTML을 두 번 수정해야 하고요). 작업이 중복되기 때문에 비효율적이고 버그가 생길 수도 있습니다.

이런 불편함을 해결하기 위해 등장한 기술이 '반응형 웹'입니다. 이름이 '반

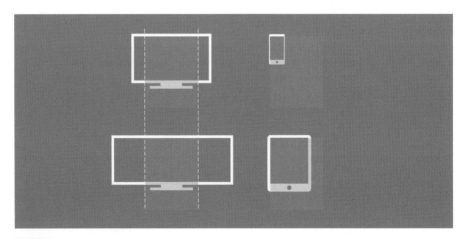

그림 6-17 ▶ 스마트폰과 태블릿의 등장

비전공자를 위한 이해할 수 있는 IT 지식

응형'인 이유는 브라우저의 가로 넓이에 '반응'하여 구성 요소가 변하는 기술이기 때문입니다. 이전에는 가로 넓이가 특정 픽셀 이하로 내려가거나, 이상으로 올라가면 각각 다른 CSS를 적용해야 했습니다. 하지만 반응형 기술을 활용하면 공통으로 사용할 CSS 코드들은 그냥 두고, 레이아웃 위주로 나눠 작업해 각 기기의 디자인을 구현할 수 있습니다. 즉, 웹페이지의 크기(비율)가 사용자의 기기에 맞춰 자동으로 변형된다는 의미입니다.

반응형 웹페이지의 예시를 살펴보죠. 구글에 'bootstrap'을 검색해서 홈페이지에 들어가 보세요. 그리고 브라우저의 가로 크기를 줄여보세요. 특정 크기 이하로 내려갈 때, 구성 요소의 레이아웃이 변합니다. 하지만 색상은 그대로죠.

그림 6-18 ▶ 가로 넓이에 따른 CSS 변화(부트스트랩 홈페이지)

몇몇 CSS는 재사용하면서 특정 CSS는 변화를 주고 있습니다. 이를 위해서는 서로 다른 기기의 넓이에 따른 CSS를 추가로 코딩해야 합니다. 당연히 하나의 넓이로 작업하는 것보다 더 많은 코드가 필요하겠죠. 따라서 반응형으로 웹을 만들면 작업 시간이 오래 걸리고, 비용이 더 많이 들어가게 됩니다.

애플리케이션 이야기를 하는데,
왜 자꾸 웹 개발자에게 말하라는 거죠?

브라우저에 대해서 조금 더 생각해봅시다. 다섯 개의 유명한 브라우저는 '크롬, 익스플로러, 사파리, 오페라, 파이어폭스'입니다. 이 중 '크롬, 익스플로러, 사파리'는 어떤 회사의 소유일까요? 크롬은 '구글'이 만든 브라우저입니다. 익스플로러는 '마이크로소프트'가 만들었죠. 사파리는 '애플'이 만든 브라우저입니다. 이 세 기업은 운영 체제를 살펴볼 때도 등장했습니다. 구글은 '안드로이드'라는 운영 체제를 만들었고, 마이크로소프트는 '윈도우'라는 운영 체제를 만들었죠. 애플은 '맥 OS, iOS'라는 운영 체제를 만들었습니다.

이 상황에서 각 기업들은 무슨 생각을 할까요? 애플은 이렇게 생각할 것입니다.

그림 6-19 ► 각 운영체제의 브라우저

'사람들이 사파리를 많이 쓰면 좋겠는데?'

구글은 또 이렇게 생각하죠.

'사람들이 크롬을 많이 쓰면 좋겠다!'

사파리와 크롬은 무료인데, 왜 이런 생각을 할까요? 사람들이 특정 브라우저를 많이 쓴다면, 그 브라우저는 큰 힘을 가지게 됩니다. 힘은 곧 영향력, 돈으로 연결이 되고요. 그래서 이 회사들은 생각합니다.

'아! 운영 체제에 브라우저를 내장시켜서 출시하면, 사람들이 이미 깔려있는 브라우저를 많이 쓰지 않을까?'

이런 이유로 윈도우를 설치하면 인터넷 익스플로러가 자동으로 설치되어 있습니다. 윈도우 운영체제에서 크롬을 사용하려면 직접 다운로드를 해야 합니다. 맥 OS와 iOS도 마찬가지입니다. 사파리가 자동으로 설치되어 있습니다.

여기서 잠깐!

반면 안드로이드 폰은 조금 다릅니다. 기본적으로 크롬이 내장되어 있다는 점에서는 같지만, 스마트폰 제조사의 브라우저도 함께 설치되어 있는 경우가 많습니다. 스마트폰 초창기 iOS가 시장점유율을 빠르게 높여갈 무렵, 구글은 애플을 뒤쫓기 위해 안드로이드를 무료로 풉니다. 이에 삼성이나 LG같은 스마트폰 제조사들이 안드로이드 운영체제를 탑재해 다양한 스마트폰을 만들었고, 덕분에 안드로이드 운영체제는 단기간에 점유율을 높일 수 있게 되죠. 하지만 스마트폰 제조사들이 자신들의 브라우저를 기본 브라우저로 설정하거나 추가로 설치할 수 있게 하면서 안드로이드 폰에는 크롬 외에 다른 브라우저도 들어가게 됩니다.

잠깐 프로그래밍 언어와 운영체제에서 배웠던 것들을 생각해보죠. iOS 프로그램을 개발하기 위한 프로그래밍 언어는 스위프트, Objective-C입니다. 안드로이드 프로그램을 개발하기 위한 프로그래밍 언어는 자바, 코틀린이죠. 이 언어들로 개발한 애플리케이션을 '네이티브 애플리케이션'이라고 합니다. 원래 정해놓은 언어들을 사용해 운영체제 자체의 기능을 사용하기 때문에 '원주민'이란 뜻을 가진 '네이티브'가 붙게 됩니다.

하지만 운영체제 안에 브라우저가 내장되자 새로운 방식으로도 애플리케이션 개발이 가능해졌습니다. 바로 애플리케이션의 특정 부분에 '브라우저'를 올리는 방식입니다. 그리고 HTML 파일을 불러올 URL을 설정해두는 거죠. 그럼 브라우저가 뜨고 그 브라우저는 HTML과 HTML에 연결된 파일들을 불러와서 보여줍니다. 그 부분은 HTML, CSS, JavaScript로 구성되어 있죠. 네이티브와 브라우저가 혼합된 애플리케이션입니다. 이렇게 웹과 애플리케이션이 혼합된 애플리케이션을 '하이브리드 애플리케이션'이라고 합니다.

이런 모바일 애플리케이션을 수정하려면 어떻게 해야 할까요? 브라우저 위에서 돌아가는 부분은 서버에 있는 원본 HTML, CSS, JavaScript를 수정하면 바뀝니다. 이 부분은 보통 앱 화면이 뜰 때 바뀌죠. 반면 네이티브인 부분은 운영 체제별로 다른 프로그래밍 언어를 통해 수정한 뒤 심사를 신청해야 합니다. 심사 신청 뒤에도 사람들이 바뀐 애플리케이션으로 업데이트해야 하죠. 아무래도 시간이 오래 걸리고 까다롭습니다.

애플리케이션에 브라우저를 올리는 것과 네이티브로 개발하는 것의 장단

그림 6-20 ▶ 앱을 만드는 3가지 방법

비전공자를 위한 이해할 수 있는 IT 지식

점을 조금 더 살펴보죠. 이는 이전에 말씀드린 웹과 애플리케이션의 차이와 맥락이 닮았습니다. 먼저 브라우저를 통해 HTML, CSS, JavaScript를 가져와서 보여주는 방식의 장점은 수정하기 좋다는 점입니다. 서버의 HTML, CSS, JavaScript만 수정하면 따로 심사를 받거나 설치할 필요 없이 새로 고침할 때 반영됩니다. 하지만 네트워크에 종속되기 때문에 와이파이나 모바일 네트워크가 느린 공간에 가면 HTML, CSS, JavaScript를 모두 다운로드하는 동안 사용자들은 기다려야 합니다. 한 화면이 5~6초 동안 뜨지 않는다면 사용자 입장에서 매우 불편하다고 느끼겠죠. 사용하기 불편해지면 사람들은 떠날 수밖에 없습니다. 반면 네이티브로 만들면 수정하는 데 넘어야 할 산이 많다는 단점이 있습니다. 특히 iOS 심사는 큰 장벽 중 하나입니다. 더불어 심사가 끝나도 사용자들이 직접 업데이트를 해줘야 합니다. 사용자들 입장에서 너무 잦은 업데이트는 귀찮을 수밖에 없습니다. 물론 잘 만든 애플리케이션은 사용성이 좋다는 장점이 있습니다. 네트워크를 최소한으로 이용하도록 코딩한다면 인터넷이 느린 환경에서도 빠르게 동작합니다.

이제 우리에게 남은 과제는 어떤 부분이 웹이고, 어떤 부분이 네이티브 애플리케이션인지 구분하는 것입니다. 그래야 문제가 생겼을 때 적합한 개발자에게 물어 볼 수 있으니까요. 결론부터 말씀드리면 화면만 보고 이 둘을 확실히 구분하는 방법은 없습니다. 하지만 그럼에도 어느 정도 힌트는 있습니다. 힌트를 찾기 위해 먼저 여러분이 가진 스마트폰으로 모바일 브라우저에 접속해 네이버나 다음에 들어가보세요. 그다음 '동물, 스타일, 뉴스, 연예' 등의 탭을 눌러보세요. 누를 때 손가락을 바로 떼지 마시고, 천천히 떼보세요. 그럼 회색

HTML의 a 링크를 누르면
나타나는 회색 박스

그림 6-21 웹 버튼이 눌렸음을 알려주는 신호(네이버-a링크)

박스가 보일 겁니다. 이 회색 박스는 HTML의 '링크'에 대해 브라우저가 보여주는 애니메이션입니다. 버튼이 눌렸음을 알려주는 효과죠. 이 애니메이션이 나타나지 않게 코딩할 수도 있지만 대체적으로 이 애니메이션이 나타난다면 그 부분이 웹이라고 추측해볼 수 있습니다. 이제 다른 페이지로 넘어가볼게요. 만약모든 부분이 새로고침 된다면, 이 역시 웹으로 만들어졌다는 또 하나의 힌트입니다.

이렇게 화면에서 찾는 힌트 말고도 다른 방식으로 웹과 네이티브 애플리케이션을 구분할 수 있습니다. 바로 API 문서를 살펴보는 것입니다. 사실 이 방법이 가장 확실합니다. API 문서에는 웹 개발자를 위한 부분과 애플리케이션 개발자를 위한 부분이 구분되어 있습니다(물론 그 둘이 함께 쓰는 API의 경우에는 별

다른 표시가 없을 수 있습니다).

해당 부분을 찾아 읽고 이해할 수 있다면, 어렵지 않게 이 둘을 구분할 수 있습니다.

이제 우리는 웹과 애플리케이션의 차이에 대해서 어느 정도 알게 되었습니다. 각 기술은 다른 기술의 장점을 흡수하고, 스스로 가진 단점을 보완하는 방식으로 계속 발전하고 있습니다. IT 세상에 있는 우리가 웹 진영에서 어떤 변화가 이루어지고 있는지, 애플리케이션 진영에서는 또 어떤 변화가 이루어지고 있는지를 주시해야 하는 이유입니다.

7장

데이터베이스와 이미지 처리

쇼핑몰을 생각해봅니다.
여기서 데이터는 대체 뭘까요?

이제 데이터베이스에 관해서 이야기해보겠습니다. 먼저 '데이터'가 뭘까요? 복잡하고 학문적으로 들어가지 말고 일상에서 생각해보겠습니다. 쇼핑몰이라면 '회원명', '아이디', '주문 상품명', '상품 가격' 등이 데이터입니다. 가만히 살펴보면, 이 데이터는 모두 '텍스트'입니다. 문제는 서로 관계가 이어진 텍스트들은 관리하기가 매우 힘들다는 사실입니다. 예를 들면 주문 정보는 '회원'이 '상품'을 주문한 거죠. 서로 관계가 이어져 있습니다. 이런 텍스트가 왜 관리하기 힘들까요?

먼저 텍스트를 'txt 파일'에 넣어서 관리한다고 가정해보죠. txt 파일은 내용이 가득 차면 다음 txt 파일을 만들어야 합니다. 그렇게 총 10,000개의 텍스트 파일이 만들어졌다고 생각해봅시다. 이때 '최원영'이라는 고객이 회원 정보

유저 데이터

| 최원영, 남, 7월 9일 생, 서울시 마포구 성산2동··· |

제품 데이터

| 매직 청소기, 120000원··· |

텍스트 파일로 데이터를 관리할 경우

1.txt 2.txt 3.txt 4.txt 5.txt 6.txt ··· 9,998.txt 9,999.txt 10,000.txt

최원영, 남, 7월 9일, 서울시 마포구 성산2동, 매직 청소기, 120000원, 12월 9일 결제함 /
최원영, 남, 7월 9일, 서울시 마포구 공덕동, 매직 마우스, 80000원, 1월 3일 결제함 /
길동이, 여, 2월 3일, 서울시 서초구 논현동, 매직 모니터, 2월 4일 결제함···

그림 7-1 ▶ 쇼핑몰 데이터를 텍스트 파일로 관리한 경우 1

에서 성별을 바꾸고 수정을 누릅니다. 그럼 데이터가 바뀌어야 합니다. 컴퓨터는 어떻게 데이터를 바꿀까요? '1.txt'부터 '최원영'을 찾을 겁니다. 그렇게 모든 텍스트 파일을 돌아다니며 성별을 바꿉니다. 만약 '최원영' 이외의 많은 사람이 한꺼번에 CRUD(생성, 읽기, 수정, 삭제)를 요청한다면 중간에 데이터가 깨지거나 잘못 수정되는 경우가 생길 수 있습니다.

더불어 최원영이라는 사람이 여러 명일 수 있겠죠. 그 모든 최원영의 정보를 다 바꿔버리면 문제가 발생합니다. 그럼 동명이인을 잡는 코드를 짜야 합니다. 문제는 사람이 짠 코드는 항상 버그가 있기 마련입니다. 그렇게 만들어진 버그가 데이터를 망가뜨리죠.

데이터가 조금 망가지는 게 무슨 문제가 될까요? 요청을 처리할 때마다 1%의 데이터가 이상해진다고 가정해봅시다. 10,000명이면 100명의 데이터가 이상해집니다. 그 100명은 결제한 뒤 물건을 못 받게 되거나, 자신의 결제 내역을 확인할 수 없게 되는 등의 문제가 발생합니다. 이렇게 피해를 입은 사람들은 회사에 컴플레인을 걸고, 심하다면 소송에 들어갈 겁니다. 만약 은행이라면 어떻게 될까요? 100명 중 1명의 돈이 없어지는 은행이라면 여러분은 그 은행을 사용하실 건가요? 아니겠죠. 그럼 0.1%는 허용이 될까요? 그 또한 허용되지 않겠죠. 그럼 0.01%는 어떨까요? 0.001%는 허용될까요? 안 됩니다.

데이터는 단 1%의 결점도 없어야 합니다. 그래서 데이터를 관리하는 게 어렵습니다.

이 속성을 데이터의 '무결성'이라고 합니다. 따라서 데이터를 다루는 사람들은 보수적일 수밖에 없습니다. 쉽게 변화를 허용하지 않습니다. 데이터가 깨지거나 오류가 생길 수 있으니까요. 그래서 데이터를 다루는 사람들은 점검 시간을 잡아두고, 아주 안전하게 작업합니다. 기존 데이터도 잘 백업해두고, 업데이트한 뒤 테스트도 꼼꼼하게 진행하죠. 그래야 결점이 없는 데이터를 만들 수 있습니다.

데이터를 텍스트 파일에 넣어서 관리했을 때 발생하는 또 다른 문제점도 살펴보죠. 서비스가 운영되면 데이터는 계속 쌓입니다. 예를 들면 회원은 과거에도 오늘도 미래에도 결제할 것이기 때문에 결제 데이터는 계속 쌓일 것입니다. 즉, 텍스트 파일은 점점 늘어날 수밖에 없습니다. 그렇게 총 100,000,000개의 텍스트 파일이 만들어졌다고 가정해봅시다.

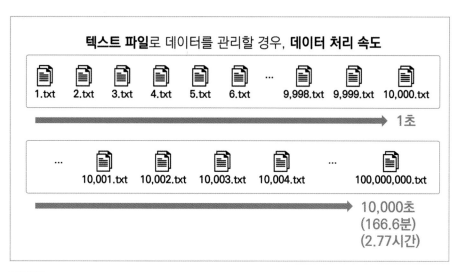

텍스트 파일로 데이터를 관리할 경우, **데이터 처리 속도**

1.txt 2.txt 3.txt 4.txt 5.txt 6.txt ... 9,998.txt 9,999.txt 10,000.txt

1초

... 10,001.txt 10,002.txt 10,003.txt 10,004.txt ... 100,000,000.txt

10,000초
(166.6분)
(2.77시간)

그림 7-2 ▶ 쇼핑몰 데이터를 텍스트 파일로 관리한 경우 2

아까와 같이 특정 회원이 성별을 수정했다면 컴퓨터는 1번부터 100,000,000번까지 파일을 돌아다니며 데이터를 찾고 바꿔야 합니다. 만약 1번부터 10,000번까지 파일을 살펴보는 데 1초가 걸렸다면, 100,000,000개의 파일을 살펴보려면 10,000초가 필요합니다. 10,000초는 166.6분이고, 2.77시간입니다. 어떤 서비스가 성별을 수정하는 데 2.77시간이 걸린다면 소비자들은 절대 사용하지 않을 겁니다.

자, 이제 우리는 '데이터를 다루는 건 까다롭고 어려운 일이구나'라는 사실을 알게 되었습니다. 그럼, 사람들은 이 데이터를 어떻게 다룰까요? 다양한 사람들이 여러 방법을 만들어냈습니다. 그리고 많은 사람이 선택한 한 방법론이 데이터 관리의 주요 방법론으로 근 20~30년을 지배했습니다. 그 방법론이 바로 '관계형 데이터베이스'입니다.

어렵지 않습니다. 엑셀을 생각하시면 됩니다. 좀 전에 말씀드린 쇼핑몰의 데이터들을 엑셀로 관리한다고 생각해보죠. 어떻게 해야 할까요? 먼저 1행에 '이름, 성별, 생일, 주소'와 같은 구조를 정해야 합니다. 그래야 그 밑에 유저 데이터를 쌓을 수 있습니다. 제품 데이터도 마찬가지입니다. '제품명, 가격'과 같은 구조를 정해야 합니다. 주문 데이터도 생각해보죠. 주문 데이터는 유저 데이터와 제품 데이터에 연결되어 있습니다. '누가', '무언가'를 사야겠죠. 그래서 주문 데이터는 '유저의 1번이 제품의 1번을 샀다.'라는 식으로 데이터를 쌓을 수 있습니다. 엑셀의 VLOOKUP 함수와 HLOOKUP 함수 기능이라고 생각하시면 됩니다. 자, 이제 관리가 어떻게 편해진 것인지 살펴보죠. 아까와 마찬가지로 '최원영'이 성별을 바꾼다고 가정해봅시다. 이제 이 시스템 안에서 '최원영'은 더 이상 '최원영'이 아닙니다. '유저 Sheet의 1번'이죠. 그 부분만 바꾸면 됩니다. 주문 데이터와 같은 데이터들은 번호로 연결되어 있기 때문에 따로 주

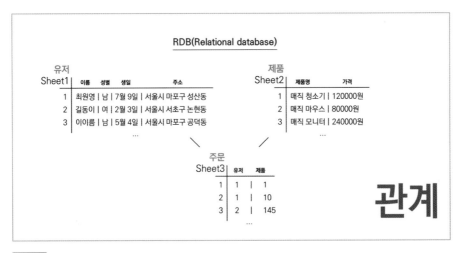

그림 7-3 쇼핑몰 정보를 관리하는 엑셀의 모습

비전공자를 위한 이해할 수 있는 IT 지식

문 데이터까지 수정할 필요가 없습니다.

이제 앞서 살펴봤던 '1.txt'부터 '10,000.txt'에 데이터를 쌓는 방법과 비교해보겠습니다. 먼저 이전에는 모든 파일을 돌아다녀야 했습니다. 10,000개의 파일이 있다면 컴퓨터가 10,000개의 파일을 모두 살펴봐야 했죠. 하지만 [그림 7-4]와 같이 관리하면 한 부분만 수정하면 끝납니다. 간편하고, 확실하죠. 더불어 동명이인 이슈도 없어졌습니다. 다른 최원영은 다른 고유 번호를 가질 테니까요. 데이터를 철저히 관리할 수 있게 되었습니다. 이러한 관리 기법이 '관계형 데이터베이스'입니다.

여기서 잠깐!

엑셀의 Sheet를 관계형 데이터베이스에서는 테이블(Table)이라고 표현합니다. 그리고 엑셀 파일 자체를 스키마(Schema) 혹은 데이터베이스(Database)라고 표현합니다.

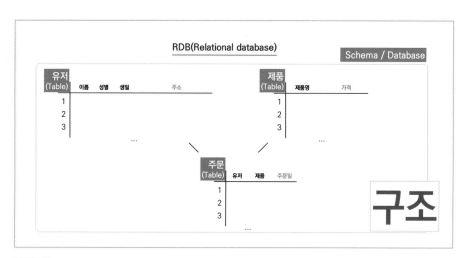

그림 7-4 관계형 데이터베이스에서의 용어

이제 이 관계형 데이터베이스의 철학으로 만들어진 소프트웨어를 살펴봅시다. 실제 개발자들은 엑셀에 데이터를 저장하지 않습니다. 그렇다고 텍스트 파일에 저장하지도 않죠. 이 데이터들을 파일로 만들어서 저장하고 관리해주는 소프트웨어는 따로 있습니다. 이 소프트웨어들 덕분에 개발자들은 파일을 만들고, 수정하고, 삭제하는 등의 복잡한 작업에서 해방되었습니다. 관계형 데이터베이스의 철학으로 만들어진 관리 시스템(소프트웨어)을 관계형 데이터베이스 관리 시스템(RDBMS)이라고 부릅니다. MS SQL, Oracle DB, MySQL, MariaDB 등 세상에는 무수히 많은 관계형 데이터베이스 관리 시스템이 있습니다. 각 RDBMS 프로그램들은 서로 다른 특징을 가지고 있지만, 우리가 그 특징들을 구분할 필요는 없습니다. 우리는 이런 프로그램들이 관계형 데이터베이스 관리 시스템이라는 사실만 알고 있으면 충분합니다.

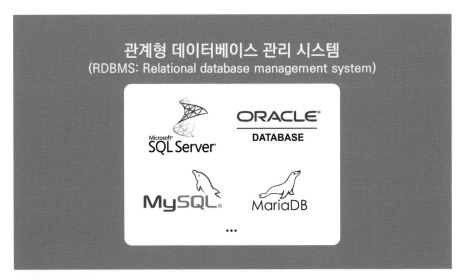

그림 7-5 ▶ 관계형 데이터베이스 관리 시스템

　　　　　　　　　비전공자를 위한 이해할 수 있는 IT 지식

클라가 들고 있다는 게 뭐죠?
(클라에 저장돼요. 클라가 가지고 있어요)

우리는 CPU, 메모리, 보조기억장치라는 하드웨어에 대해 배웠습니다. CPU는 컴퓨터의 머리, 보조기억장치는 컴퓨터의 창고입니다. 메모리는 CPU의 개인 작업 공간이죠. 하지만 메모리에 저장된 데이터들은 전원이 꺼지면 없어진다고 말씀드렸습니다.

이제 생각해봅시다. 데이터는 CPU, 메모리, 보조기억장치 중 어디에 저장될까요? 당연히 보조기억장치에 저장됩니다. 반면 데이터베이스 관리 시스템(DBMS)은 소프트웨어죠. 그 말은 CPU와 메모리가 있다면, 데이터베이스 관리 시스템을 실행할 수 있다는 말입니다. 우리는 '네트워크'에서 두 개의 서로 다른 컴퓨터 그룹을 배웠습니다. '클라이언트'와 '서버'죠.

클라이언트와 서버는 컴퓨터이기 때문에 모두 CPU, 메모리, 보조기억장치

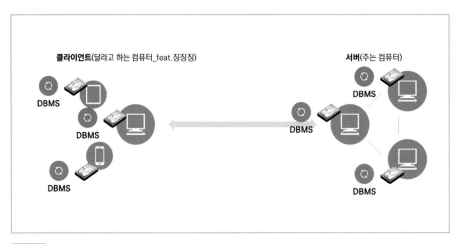

클라이언트(달라고 하는 컴퓨터_feat.징징징)　　　　　　　서버(주는 컴퓨터)

DBMS

DBMS

DBMS

DBMS

DBMS

그림 7-6 ▶ 클라이언트와 서버 위의 데이터베이스 관리 시스템

를 가지고 있습니다. 그렇다면 클라이언트와 서버 컴퓨터 위에는 모두 데이터베이스 관리 시스템을 돌릴 수 있고, 데이터를 저장할 수 있다는 말입니다. 그렇기 때문에 데이터는 클라이언트에도 저장할 수 있습니다. 서버에서만 데이터베이스를 사용하는 것처럼 알고 계시는 분들이 많지만, 실제로는 그렇지 않습니다. 개발의 이슈에 따라서 클라이언트의 데이터베이스도 많이 활용합니다. 이렇게만 말씀드리면 감이 잘 안 잡히실 것 같습니다. 예를 한번 들어보죠.

자. 여기 알람 애플리케이션과 앱스토어가 있습니다(그림 7-7). 먼저 알람을 보시죠. "8시 20분, 8시 30분, 8시 40분…" 프리랜서였을 때의 제가 아침에 일어나기 위해 발악했던 흔적입니다. 이 시간은 "데이터"입니다. 텍스트죠. 관리하기가 힘듭니다. 그렇기 때문에 DB에서 관리합니다. 이 데이터들은 어디에 있는 데이터일까요? 클라이언트일까요? 서버일까요?

클라이언트입니다. 어떻게 그걸 알 수 있을까요? 알람 애플리케이션은 인터넷이 연결되어 있지 않은 상태에서도 동작하기 때문입니다. 서버와 통신하지 않고도 정상적으로 작동하죠. 알람 애플리케이션에는 서버가 필요하지 않기 때문에 그 데이터들 또한 클라이언트에 있겠죠.

이제 [그림 7-7]의 앱스토어를 살펴봅시다. 앱스토어에도 여러 데이터가 있습니다. "Adobe Premiere Rush CC"라는 텍스트가 있네요. 이 데이터는 어디에 있는 데이터일까요? 서버일까요? 클라이언트일까요?

서버입니다. 왜 그럴까요? 이 데이터는 어떤 스마트폰에서 접속해도 똑같이 보입니다. 데이터가 서버에 있기 때문에 데이터를 변경한다면, 다른 모든 기기에 변경된 데이터가 표시되겠죠.

이제 우리는 데이터를 구분할 수 있게 되었습니다. 하지만 세상은 이렇게 심플하지 않습니다. 개발 결과물만 보고 항상 명확하게 "이건 클라이언트에 있

그림 7-7 ▶ 알람과 앱스토어의 데이터

는 데이터야!", "이건 서버에서 가져온 데이터야"라고 구분 지을 순 없습니다. 회사 사정에 따라, 개발자의 상황에 따라, 개발 단계에 따라, 기능의 특성에 따라 경우가 모두 달라집니다. 하지만 거의 모든 답이 들어 있는 문서가 있습니다. 이 문서를 읽어보면 데이터를 어디에서 불러오는지 명확하게 알 수 있습니다. 바로 "API 문서"입니다. 너무나도 중요합니다. 우리는 개발팀의 사정과 상황에 무관심해선 안 되며 회사의 개발 결과물을 잘 파악하고 있어야 합니다. 더불어 개발팀이 현재 어디에 집중하고 있는지, 어떤 부분에서 막혔는지 파악하고 있어야 합니다. 그 시작이 바로 API 문서입니다. 앞서 4장에서 API 문서를 읽기 위한 기초적인 이야기는 모두 설명했습니다. 이제 우리에게 남은 두 번째 과제는 서비스의 어떤 데이터들을 서버에서 불러오는지, 어떤 데이터들이 클라이언트에 있는지 구분하는 것입니다. 때로는 두 곳 모두에 데이터가 있는 경우도 있습니다. 대표적으로 에버노트가 있죠. 이런 애플리케이션은 클라이언트의 데이터와 서버의 데이터를 맞추는 '동기화'라는 과정이 필요합니다. 에버노트는 클라이언트에 데이터를 놓기 때문에 오프라인 상태에서도 노트를 쓸 수 있습니다. 그리고 서버에도 데이터를 놓기 때문에 다른 기기에서도 같은 노트의 내용을 볼 수 있습니다.

그렇다면 이 구분이 왜 중요할까요? 그 이유는 정확한 사람에게 정확한 요청을 하기 위해서 입니다. 데이터가 클라이언트에 있는 상황에서 그 데이터를 변경하고자 한다면 당연히 클라이언트 개발자와 이야기해야 합니다. 반면 데이터가 서버에 있는 상황에서 그 데이터를 변경하고자 한다면 당연히 서버 개발자와 이야기해야 합니다. 한두 번 적절하지 않은 사람에게 이야기할 수는 있

비전공자를 위한 이해할 수 있는 IT 지식

겠죠. 개발자도 한두 번은 자세히 설명해줄 겁니다. 하지만 이 상황이 반복되면 설명하는 개발자 입장에서도 '이 사람은 이해할 마음이 없구나'라는 생각을 하게 됩니다. 포기하게 되죠. 자연스럽게 이해할 수 있는 사람과 더 많은 대화를 나누게 됩니다. 아는 건 힘이고, 아는 만큼 대화할 수 있습니다.

마지막으로 용어만 다시 정리해보겠습니다.

"그 데이터는 로컬에 있어요."

"내부 DB에 저장하고 있어요."

"네이티브에서 가져온 건데?"

이런 말이 들린다면, 이건 모두 클라이언트에 데이터가 있다는 표현입니다.

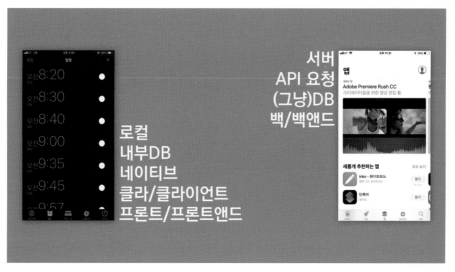

그림 7-8 ▶ 용어 정리

'로컬, 내부 DB, 네이티브, 클라/클라이언트, 프론트/프론트 엔드' 다 같은 곳을 의미합니다.

"API로 가져온 거예요."

"DB에 저장해두고 쓰면 안 되나요?"

반면, '서버, API, DB, 백/백 엔드'와 같은 표현은 '서버에서 데이터를 가져왔다'는 의미입니다. 여기서는 DB와 내부 DB만 잘 구분하시면 됩니다.

배너 좀 바꾸려는데, 자꾸 자기한테 말하면 안 된대요(왜 자꾸 사람이 바뀌는 건데…)

야심 차게 기획한 마케팅 캠페인을 시작했습니다. 고객의 반응도 봐야 하고, 홍보도 해야 합니다. 마침 캠페인 배너 디자인을 완성했습니다. 이제 아이폰을 꺼내 기존 배너를 확인해봅니다. 이건 없애야겠네요. 서둘러 iOS 개발자에게 갑니다.

"이 배너 좀 새로운 캠페인 배너로 바꿔주세요. 엄청 중요하고 급해요!"

그럼 iOS 개발자는 얘기합니다.

"배너 이미지는 서버에서 받아 오고 있어요. 서버 개발자에게 얘기하세요."

이런 일이 한 두번이 아닙니다. 지난 번에는 iOS 앱에서 아이콘을 수정하는 작업 때문에 서버 개발자를 찾아갔습니다. 개발자에게 무슨 말만하면 서버에서 받아 온다길래 서버 개발자에게 간 것이죠.

"이 부분 아이콘을 새롭게 바꾸고 싶어요."

그런데 서버 개발자는 이렇게 얘기하더라고요.

"아이콘은 클라에 있는 거예요. 클라 개발자한테 얘기하세요."

아니 도대체 왜 계속 사람이 바뀌는 걸까요. 무엇보다 어떤 요소가 서버에 있는지, 클라에 있는지 비전공자가 어떻게 알 수 있을까요? 그리고 이미지는 도대체 어떻게 관리하는 걸까요?

윈도우를 한번 살펴봅시다. 바탕화면에 어떤 이미지가 있습니다. 이 이미지는 '이름'을 갖습니다. 'myImage.png'라고 가정해보죠. 이 상황에서 제가 전혀 다른 이미지를 다운로드받습니다. 그리고 같은 바탕화면에 놓죠. 이름을 'myImage.png'로 바꿔 봅니다. 바뀌나요? 바뀌지 않습니다. 이미 그 위치에 존재하는 이름이기 때문이죠.

이제 윈도우에서 이미지 위에 마우스를 올리고 오른쪽 버튼을 눌러봅니다.

그럼 '속성'이라는 메뉴가 있습니다. '속성'을 누르면 이미지의 정보가 나옵니다. 그 정보에는 '위치'가 있습니다.

그림 7-9 윈도우 바탕화면의 이미지 속성

User/young/Desktop/myImage.png

이런 모습이죠. 위치는 고유해야 합니다. 왜 그럴까요? 그 이유는 운영체제
가 그 고유한 위치를 통해 이미지를 인식하기 때문입니다. 이제 우리는 이미지
파일에는 모두 '위치'가 있다는 걸 알게 되었습니다. 지금부터 이 위치를 '주
소'라고 표현해보죠.

컴퓨터라면 모두 이미지 파일을 보관할 수 있습니다. 즉, 클라이언트에도
이미지 파일이 있을 수 있고, 서버에도 이미지 파일이 있을 수 있죠. 그 모두는
주소를 가지고 있다는 것도 우리는 알고 있습니다. 그렇다면 당연히 서버에서
이미지를 공유해주고, 클라이언트가 이미지의 주소를 알고 있다면, 서버에 있
는 이미지를 클라이언트에서 불러올 수 있겠죠. 클라이언트에서 서버에 있는

그림 7-10 ▶ 클라이언트에 있는 이미지와 서버에 있는 이미지

비전공자를 위한 이해할 수 있는 IT 지식

이미지를 불러온다는 것은 네트워크를 통해 이미지 파일을 다운받는다는 것을 의미합니다.

이제 생각해보죠. 이미지 파일들은 크기가 어떤가요? 작은 이미지들도 있지만, 이미지 하나에 100MB가 넘어가는 큰 이미지들도 있습니다. 그런 이미지를 다운로드하려면 어마어마한 시간이 걸리겠죠. 고객은 기다려야 합니다. 만약 인터넷이 느린 곳에서 접속했다면 더 심할 겁니다. 클라이언트에 이미지를 놓으면 장점이 있습니다. 이미지를 다운로드받지 않아도 됩니다. 그냥 클라이언트 프로그램이 이미지 주소를 통해 이미지를 가져옵니다. 네트워크보다 훨씬 빠르죠.

그럼 왜 서버에 있는 이미지를 불러올까요? 그냥 클라이언트에 이미지를 두고 쓰면 안 될까요? 생각해보죠. 클라이언트의 이미지는 어떻게 바꿀까요? 클라이언트의 이미지를 바꾸기 위해서는 애플리케이션을 업데이트해야 합니다. 버전 1.0.0에서 '이미지 1'을 보여줬다고 가정해보죠. 만약 버전이 1.0.1로 올라가면서 '이미지 2'를 보여주기로 한다면, 고객들이 업데이트를 통해 애플리케이션의 버전을 올려줘야 합니다. 만약 업데이트하지 않고, 버전 1.0.0을 쓰고 있는 고객이라면 '이미지 2'는 보이지 않습니다.

무슨 문제가 있을까요? 예를 들어 가격 정책을 이미지로 만들어서 클라이언트에 놓았다고 가정해봅시다. 그 버전을 1.0.0이라고 해보죠. 그런데 시간이 흘러 가격이 올라서 가격 정책 이미지를 바꿨습니다. 그리고 버전을 2.0.0으로 올렸죠. 당연히 문제가 생기겠죠? 1.0.0에서 업데이트를 하지 않은 사람들은 가격이 다르다고 항의할 겁니다.

그림 어떻게 해야 할까요? 상황에 따라 둘 다 사용해야 합니다. 최대한 네트워크에 부담이 가지 않도록 많은 이미지를 클라이언트에 놓아야 하지만 이미지가 바뀌었을 때 서비스에 영향을 준다면 서버에서 가져와야 합니다. 즉, 클라이언트에 놓느냐, 서버에 놓느냐를 결정하기 위해서는 이미지의 성격을 봐야 합니다.

조금 다른 이미지들도 생각해보죠. 이미지를 만드는 주체는 '회사'일 수 있지만, '고객'일 수도 있습니다. 예를 들면 인스타그램에는 수많은 고객이 매일 수많은 이미지를 업로드합니다. 일반적인 다른 서비스에서도 고객은 자신의 프로필 사진을 업로드합니다. 이런 이미지들은 고객이 만들어냅니다. 즉, '누가' '어떤 이미지'를 만들었는지 '관계'가 생깁니다. 우리는 바로 전 챕터에서 동일한 이슈를 본 적이 있습니다. 서로 관련이 있는 데이터들이었죠. '이름, 성별, 생일, 주소, 제품명, 가격, 누가 어떤 제품을 구매했는지 등등'의 서로 관계

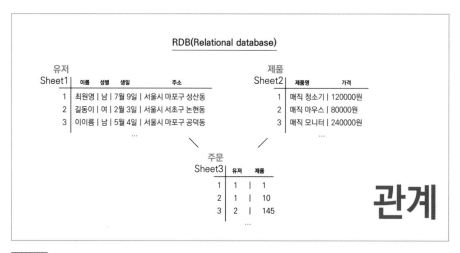

그림 7-11 서로 관계가 지어진 데이터

가 맺어진 데이터는 무슨 문제가 있었죠? '무결성'의 이슈가 있었습니다. 단 0.000001%의 오류도 허락하지 않죠. 똑같은 상황입니다. 누군가 올린 프로필 사진이 다른 사람의 프로필에 보이면 안 되겠죠. 누군가 비공개로 올린 사진이 공개되면 안 되겠죠? 관리가 필요합니다.

이런 이미지들을 어떻게 관리할까요? 우리는 이미 배웠습니다. 이미지는 모두 '주소'를 가지고 있죠. 여기서 주소는 '텍스트'입니다. 관계가 맺어진 텍스트는 관리하기 힘들죠. 그래서 DB에 넣어둡니다. 이제 이미지를 철저하게 관리할 수 있습니다.

정리해보죠. 이미지 파일은 컴퓨터에 있습니다. 클라이언트나 서버 둘 중 하나에 있겠죠. 그리고 각 컴퓨터는 이미지 주소를 통해 이미지에 접근합니다. 이 이미지들을 바꾸려면 파일을 바꾸거나 다른 주소를 지정하면 됩니다. 그리

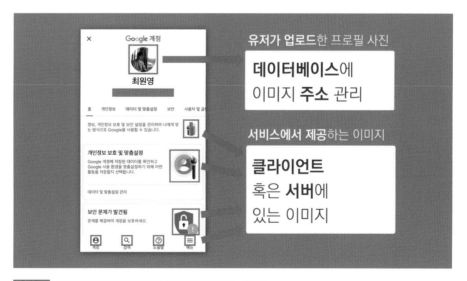

그림 7-12 유저가 업로드한 이미지와 서비스에서 제공하는 이미지

고 하나가 더 있죠. 바로 프로필 이미지 같은 파일들입니다. 이런 이미지들은 '관계'가 있기 때문에 관리가 필요합니다. 그래서 주소를 DB에 넣어서 관리합니다. 마지막으로, 이미지가 클라이언트에 있는지 서버에 있는지 확인하는 가장 좋은 방법은 API 문서를 보는 것입니다. API를 통해 이미지의 주소(URL)를 서버에서 받아온다면, 그 이미지는 서버에 있는 이미지라고 판단할 수 있습니다.

비전공자를 위한 이해할 수 있는 IT 지식

8장

프레임워크와
라이브러리

코코아요? 그거 먹는 거잖아요. 그리고 자꾸 왜 도서관 얘기를 하는 거죠?(프레임워크, 라이브러리)

여러분이 도넛 가게를 창업한다고 생각해봅시다. 먼저 도넛이 있어야 합니다. 우유랑 밀가루와 설탕을 구매합니다. 이제 섞어보죠. 열심히 만들어봅니다. 그리고 맛을 보죠. 맛이 없군요. 버립니다. 새롭게 다시 만들어봅니다. 또 뭘 해야 할까요? 브랜딩이 필요합니다. 이름도 지어야 하고, 디자인도 해야 합니다. 메뉴판도 만들어야겠네요. 포스 단말기도 세팅해야 합니다. 재고 관리도 필요하겠죠. 매장의 가구들도 들여와야 합니다. 테이블과 의자도 필요합니다. 할 일이 어마어마하게 많군요.

하지만 이보다 훨씬 빠르게 도넛 가게를 차릴 수 있는 방법이 있습니다. 바로 던킨도너츠의 프랜차이즈로 들어가면 됩니다. 던킨도너츠에서 도넛은 물론이고 포스 단말기, 디자인, 브랜드, 가구 등을 모두 제공합니다.

프레임워크는 '던킨도너츠'입니다. iOS 애플리케이션을 만든다고 생각해보죠. 이때 개발자는 버튼부터 한 땀 한 땀 코딩하지 않습니다. 버튼은 이미 애플이 만들어놨습니다. 그렇게 만들어놓은 코드를 개발자가 사용합니다. 그럼 애플은 왜 프레임워크를 만들어 놨을까요?

애플은 앱스토어에 좋은 앱들이 올라오길 바랍니다. 좋은 앱들이 많으면 이 앱들을 사용하기 위해 아이폰을 살테니까요. 그런데 만약 애플 앱을 만드는 데 버튼 하나하나를 코딩해 10년이 걸린다면 어떨까요? iOS가 2007년에 등장했으니 적어도 2017년까지는 앱이 만들어지지 못했을 겁니다. 하지만 앱스토어에는 이미 수많은 애플리케이션들이 있죠. 애플이 제공해주는 프레임워크 덕분입니다.

애플은 이 프레임워크 사용법을 웹 페이지로 제공해주고 있습니다. iOS 개발자에겐 '사전' 같은 페이지입니다. [그림 8-1]에 "App Frameworks"가 보이네요. 애플리케이션을 만드는 데 필요한 프레임워크들입니다. AppKit는 맥OS에 올라가는 애플리케이션을 개발하기 위한 프레임워크입니다. UIkit는 iOS 혹은 tvOS에 올라가는 애플리케이션을 개발하기 위한 프레임워크죠. 애플은 기기가 많기 때문에, 기기별로 프레임워크들이 존재합니다(애플에서는 이 프레임워크들을 통칭해서 코코아(Cocoa) 프레임워크라고 부릅니다).

UIkit에서 조금 더 안으로 들어가면 UIButton이라는 게 보입니다. 버튼을 위한 코드죠. 애플이 이미 만들어 놨으니 개발자는 이 코드를 가져다 쓰면 됩니다.

밑으로 조금 내려가면 이 버튼의 어떤 요소를 바꾸면 어떤 부분이 바뀌는

그림 8-1 ▶ 애플 개발자 문서 1

출처: 애플 개발자 홈페이지

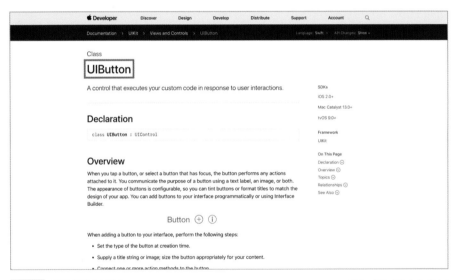

그림 8-2 ▶ 애플 개발자 문서 2

출처: 애플 개발자 홈페이지

지 친절하게 설명해 놓았습니다. 해당 속성들을 변경하면 디자인이나 글씨 등

을 바꿀 수 있습니다. 버튼 말고도 label, tab bar, navigation bar 등등 많은

그림 8-3 ▸ 애플 개발자 문서 3　　　　　　　　　　　　　　　출처: 애플 개발자 홈페이지

요소들이 있습니다. 개발자는 이 모든 요소들을 암기하지 않습니다. 너무 많기도 하고, 필요하면 검색하면 되니까요.

이제 코드를 좀 살펴보죠. [그림 8-4]의 코드는 제가 만들었습니다. 바로 아래에 앞서 언급했던 프레임워크인 UIKit이 보이네요. UIKit은 UILabel, UIView등의 코드를 제공해주고 있습니다. 이제 UILabel을 들어가 보겠습니다. [그림 8-5]에서 볼 수 있듯 UILabel을 활용해 작업하면 Label을 쉽게 만들 수 있습니다. text를 바꿔 주면 글 내용이 바뀝니다. font를 바꿔주면 폰트가 바뀌죠. textColor를 바꾸면 글씨 색이 바뀝니다. 이렇듯 개발자들은 프레임워크를 사용해서 프레임워크와 함께 개발을 진행합니다.

정리해보죠. iOS, MacOS, WatchOS 등의 애플의 애플리케이션을 개발하기 위해서는 Swift 혹은 Objective-C라는 언어를 사용해야 합니다. 여기에 애

```
1  //
2  //  RoleDetailVC.swift
3  //  Mele
4  //
5  //  Created by 최원영
6  //  Copyright © Mele. All rights reserved.
7  //
8
9  import UIKit
10 import SnapKit
11
12 class RoleDetailVC: UIViewController {
13
○      @IBOutlet weak var nameOfRoleLabel: UILabel!
15
○      @IBOutlet weak var shadowView: UIView!
○      @IBOutlet weak var gradientView: UIView!
18     let gradientLayer:CAGradientLayer = CAGradientLayer()
19
○      @IBOutlet weak var contentView: UIView!
○      @IBOutlet weak var todoTableView: UITableView!
22
○      @IBOutlet weak var noTodoView: UIView!
24
○      @IBOutlet weak var progressBarBackgroundView: RoundView!
○      @IBOutlet weak var progressBarView: RoundView!
○      @IBOutlet weak var progressPercentLabel: UILabel!
○      @IBOutlet weak var progressBarWidthConstraint: NSLayoutConstraint!
29
○      @IBOutlet var naviView: UIView!
31
32     var todoModel:TodoModel!
33     var roleModel:RoleModel!
34     var colorSystemModel:ColorSystemModel!
35     var targetRoleObject:RoleObject!
36
37     let roleDetailTodoProtocols:RoleDetailTodoProtocols = RoleDetailTodoProtocols()
38     let notiCenter:NotificationCenter = NotificationCenter.default
39
40
```

그림 8-4 코드 예시

```
1  import Foundation
2  import UIKit
3  import _SwiftUIKitOverlayShims
4
5  //
6  //  UILabel.h
7  //  UIKit
8  //
9  //  Copyright (c) 2006-2018 Apple Inc. All rights reserved.
10 //
11
12 @available(iOS 2.0, *)
13 open class UILabel : UIView, NSCoding, UIContentSizeCategoryAdjusting {
14
15
16     open var text: String? // default is nil
17
18     open var font: UIFont! // default is nil (system font 17 plain)
19
20     open var textColor: UIColor! // default is labelColor
21
22     open var shadowColor: UIColor? // default is nil (no shadow)
23
24     open var shadowOffset: CGSize // default is CGSizeMake(0, -1) -- a top shadow
25
26     open var textAlignment: NSTextAlignment // default is NSTextAlignmentNatural (before iOS 9, the
           default was NSTextAlignmentLeft)
27
28     open var lineBreakMode: NSLineBreakMode // default is NSLineBreakByTruncatingTail. used for single and
           multiple lines of text
29
30
31     // the underlying attributed string drawn by the label, if set, the label ignores the properties above.
32     @available(iOS 6.0, *)
33     @NSCopying open var attributedText: NSAttributedString? // default is nil
```

그림 8-5 프레임워크(UILabel) 코드 예시

플에서 제공해주는 프레임워크인 코코아(UIkit, AppKit 등)를 사용하면 애플의 애플리케이션을 더 쉽고, 빠르게 만들 수 있습니다. 안드로이드 또한 마찬가지입니다. 자바 혹은 코틀린(Kotlin)이라는 언어를 사용하죠. 그리고 안드로이드 프레임워크를 사용하면 안드로이드에 올라가는 애플리케이션을 쉽게 만들 수 있습니다. 이처럼 거대 IT 회사들은 개발자들이 자사의 애플리케이션을 쉽고 빠르게 개발할 수 있도록 프레임워크를 만들어 제공해주고 있습니다. 그런데 문제는 웹입니다. 웹은 특정회사의 소유가 아닙니다. 우리 모두의 것입니다. 그렇다면 웹 프레임워크 및 라이브러리는 누가 만들까요? 여러 사람들이 만듭니다. 이미 시중에는 수많은 프레임워크와 라이브러리가 있습니다(라이브러

		프로그래밍 언어		프레임워크, 라이브러리
애플		OBJECTIVE-C	Swift	Cocoa (UIKit, AppKit…)
구글 G		Java	Kotlin	Android Framework
웹			JS	ANGULARJS by Google / Vue.js / React / …

그림 8-6 모바일 프레임워크와 웹 프레임워크 / 라이브러리

리는 뒤쪽에서 다시 설명하겠습니다). 그중 '웹 프론트엔드 프레임워크 및 라이브러리 삼대장(2020년 기준)'이라고 불리는 가장 유명한 세 개가 있습니다. 바로 Angular.js, React.js, Vue.js 입니다. Angular.js는 구글에서 운영하고 있습니다. React.js는 페이스북에서 만들었죠. Vue.js는 Evan You라는 중국 사람이 만들었습니다. 이렇듯 웹 프레임워크 및 라이브러리는 페이스북이나 구글 같은 회사가 만들기도 하고, 개인이 만들기도 합니다.

웹과 마찬가지로 서버도 특정 회사의 소유가 아니기 때문에 다양한 프레

프로그래밍 언어	프레임워크, 라이브러리
Ruby	RAILS
Java	spring
JS	Express
python	django
...	

그림 8-7 ▶ 서버 프레임워크 / 라이브러리

임워크들이 존재합니다. 그리고 각 언어별로 유명한 프레임워크들이 하나씩 있습니다. 자바는 스프링(Spring)이라는 프레임워크가 유명합니다. 자바와 스프링이라는 프레임워크를 사용하면 서버를 쉽고 빠르게 개발할 수 있습니다. 파이썬은 장고(Django)라는 프레임워크가 유명하고 루비(Ruby)에는 레일스(Rails)라는 프레임워크가 있죠. JavaScript로도 서버를 개발할 수 있고, 이때는 익스프레스(Express.js)라는 프레임워크를 많이 사용합니다.

그럼 라이브러리는 뭘까요? 라이브러리도 다른 사람들이 만들어놓은 코드를 이용한다는 측면에서 프레임워크와 같습니다. 애니메이션 라이브러리가 있다고 생각해보죠. 만약 라이브러리 없이 애니메이션을 만든다면 언제, 어떤 개체를 얼마만큼 옮기며 동시에 다른 개체가 어떻게 변하는지를 다 적어줘야 합니다. 하지만 라이브러리를 쓴다면 더 간편하게 해당 기능을 개발할 수 있습니다.

이렇게 들으면 라이브러리나 프레임워크나 다를 게 없어 보입니다. 라이브러리와 프레임워크는 어떻게 다를까요?

프레임워크가 더 큰 개념입니다. 각종 라이브러리와 코드들이 모여 프레임워크가 됩니다. 더불어 한 프로젝트에서 프레임워크는 하나만 쓸 수 있습니다. 한 자동차를 운전하면서 동시에 다른 자동차를 운전할 수 없는 것과 같습니다. 반면 라이브러리는 더 작은 개념입니다. 망치나 가위 같은 도구들이기 때문에 한 프로젝트에서 함께 사용이 가능합니다. 그렇다면 프레임워크와 라이브러리는 누구의 허락을 받아 어떻게 쓸 수 있는 걸까요? 만든 주체가 모두 다르기 때문에 사용하기 전에 반드시 설명을 봐야 합니다. 사용료를 받는 것부터 출처를 남기면 무료로 사용이 가능한 것, 조건없이 무료로 쓸 수 있는 것까지 다양한 방식이 있기 때문입니다.

프레임워크와 라이브러리는 사실 개발자들에게 필요한 도구이기 때문에 비전공자가 쓸 일은 거의 없습니다. 다만, 개발자들이 자주 사용하는 용어이므로 원활한 커뮤니케이션을 위해서는 알아둘 필요가 있습니다.

비전공자를 위한 이해할 수 있는 IT 지식

9장

협업,
소스관리,
디자인

커밋이요?
머지요? 뭐요?

　개발자의 삶으로 한번 들어가 보죠. 보통 개발해야 할 것과 우선순위는 회의를 통해 정해집니다. 그럼 개발자는 결정된 사항을 개발하기 시작하죠. 개발자 A가 출근합니다. 어제 개발 중이던 타임라인 댓글 쓰기를 완성합니다. 버전은 1.0.0으로 지었습니다. 그리고 다음 우선순위인 타임라인 수정 기능을 바로 개발하기 시작했습니다. 빠르게 완성했네요. 버전은 1.1.0으로 올렸습니다. 그다음 개발 우선순위를 보려는 순간, 갑자기 기획팀에서 연락이 옵니다. 분석 기능이 급하게 필요하다고 합니다. 어쩔 수 없죠. 바로 분석 기능을 개발하기 시작합니다. 급하게 분석 기능을 완성했습니다. 버전은 1.2.0이라고 지었습니다. 그런데 갑자기 기획팀에서 다시 연락이 옵니다.

"아 죄송해요. 분석 기능 안 쓰게 됐어요."

실제로 일어나는 일입니다. 기획은 계속 바뀝니다. 이제 개발자 A는 뭘 해야 할까요? 현재 버전인 1.2.0 상태의 코드에서 1.1.0의 상태의 코드로 되돌려야 합니다. 만약 분석 코드 1,000줄을 100개의 파일에 나눠서 넣어 놓았다면? 생각만해도 끔찍합니다. 비슷한 일을 비전공자들도 문서 작업에서 자주 겪습니다. 새로운 내용을 추가할 때 보통 '덮어쓰기'를 많이 합니다. 하지만 어느 순간 내가 적은 내용들이 잘못되었다는 걸 깨닫게 되면, 덮었던 내용을 다시 하나하나 되돌려야 합니다. 번거롭기도 하거니와, 이전 내용으로 100% 돌아간다는 보장도 없습니다.

'분석 코드는 그냥 두면 안 되나?'

깃(Git)은 이런 문제를 해결해줍니다. 깃은 리눅스 개발자 '리누스 토발즈'가 개발한 프로그램입니다. 깃을 통해 개발자들은 개발 단계별로 '깃발'을 꽂을 수 있습니다. 그 행위를 커밋(Commit)이라고 합니다. 커밋에는 항상 메모가 따라다닙니다. 무슨 개발을 했는지 적어주는 메모죠. 그 메모를 커밋 로그(Commit Log)라고 합니다.

앞의 사례를 통해 좀 더 구체적으로 살펴보겠습니다. 개발자 A가 타임라인 수정을 완성했습니다. 이제 커밋을 하겠죠. 커밋 로그에는 '타임라인 수정 완료'라고 적습니다. 그럼 깃(Git)은 그곳에 깃발을 꽂습니다. 이후 개발자 A가

그림 9-1 ▶ 깃을 통한 소스코드의 버전관리

분석 기능을 개발합니다. 분석 기능을 완료하고 다시 커밋을 합니다. 커밋 로그에는 '분석 기능 개발 완료'라고 적습니다. 그럼 깃이 다시 그곳에 깃발을 꽂습니다. 깃은 깃발과 깃발 사이의 변화와 누가 언제 커밋했고, 어떤 부분을 바꿨는지를 모두 추적해 줍니다. 더불어 체크아웃(Check Out)을 통해 깃발이 꽂힌 부분의 코드로 옮겨 다닐 수 있습니다. 이것이 바로 깃의 주된 기능인 소스코드의 버전관리입니다. 이외에도 깃은 다양한 기능을 가지고 있습니다.

여기서는 브랜치(Branch)와 머지(Merge)까지만 말씀드려보겠습니다. 브랜치는 '분기', '가지'라는 뜻으로, 새로운 가지를 뻗는 것을 의미합니다. 한창 개발을 하고 있는데, 새로운 방향의 개발을 추가해야 할 때, 개발자는 기존 개발에 이어서(덮어씌어) 작업하지 않고, [그림 9-2]처럼 새롭게 가지를 쳐서(브랜치) 작업할 수 있습니다. 이렇게 하면, 기존 브랜치에 커밋을 하는 것이 새로운 브랜치에 영향을 주지 않고, 마찬가지로 새로운 브랜치에 커밋을 하는 것이 기존 브랜치에 영향을 주지 않습니다.

포인트는 '왜 브랜치를 사용하는가?'입니다. 앞에서 언급했던 개발자 A의

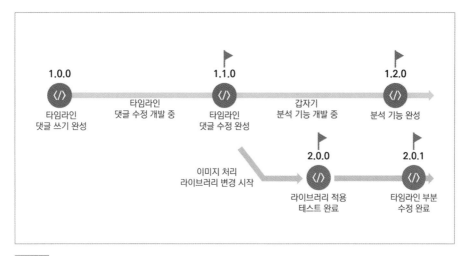

그림 9-2 브랜치를 적용했을 때의 개발흐름

사례에서 분석 기능을 개발하기 전, 타임라인 댓글 수정을 완성한 상황으로 돌아가 봅시다. 이때 개발팀 입장에서 내부적으로 큰 변화를 주기로 결정했습니다. 기존에 이미지를 처리했던 라이브러리를 새로운 라이브러리로 변경하기로 결정한 거죠. 그런데 개발자 A는 급하게 분석 기능을 개발해야 합니다. 분석 기능을 개발하면 분석 기능에 관련된 코드들이 프로젝트 파일 곳곳에 추가될 예정입니다. 이럴 때 브랜치를 사용합니다. 분석 기능과 동시에 진행해야 하는 다른 코드들은 브랜치로 따로 관리합니다. 각각 서로 다른 곳에서 개발하는 거죠. 이렇게 하면 하나의 프로젝트를 진행할 때, 동시에 여러 기능을 충돌 없이 작업할 수 있습니다. 분석 기능의 코드가 이미지 처리 라이브러리 코드에 영향을 주지 않고, 이미지 처리 라이브러리 코드가 분석 기능의 코드에 영향을 주지 않습니다. 이후 각각의 브랜치에서 작업한 코드들을 합치기만 하면 됩니다. 코드를 합치는 기능이 바로 머지(Merge)입니다. 깃은 똑똑하기 때문에 작업된 부분이 겹치지 않으면 자연스럽게 합쳐줍니다. 만약 겹치는 부분이 있다면 깃은 충돌(Conflict)을 알려주고 어떤 부분이 충돌됐는지 보여줍니다. 개발자는 그 부분만 다시 수정하면 됩니다. 물론 머지(Merge)가 성공했다고 모두 성공한 코드는 아닙니다. 큰 브랜치들이 합쳐진다면 반드시 테스트가 필요합니다. 따라서 머지(Merge)를 위한 시간도 필요하고, 추가 테스트를 위한 시간도 필요합니다.

마지막으로 원격저장소를 알아보겠습니다. 여러 명의 개발자들이 각자 자신의 컴퓨터에서 코드를 적습니다. 그럼 각 개발자의 컴퓨터에는 서로 다른 코드가 존재할 겁니다. 서로 다른 개발자가 작업한 코드를 합치려면 그게 또 다른 일이 됩니다.

'그냥 다른 부분을 각자 작업하면 되는 거 아냐?'

이런 생각이 들 수 있습니다. 하지만 그렇게 간단한 문제가 아닙니다. 마케팅 기획서를 쓴다고 가정해봅시다. 이 상황에서 3명의 마케터가 서로 다른 분야를 적는 겁니다. 한 사람은 소비자 조사 결과를 씁니다. 한 사람은 프로모션 기획안을 작성합니다. 다른 사람을 기대 효과를 작성합니다. 서로 겹치는 부분이 없고, 맥락을 잘 정했다면 잘 합쳐지겠죠. 하지만 사람 일이라는 게 그렇게 딱 떨어지지 않습니다. 소비자 조사 결과는 프로모션 기획안에 영향을 주고, 프로모션 기획안은 기대효과에 영향을 줍니다. 사전에 회의를 해도 막상 합칠 때는 문제가 생길 수 있습니다. 개발자 역시 일종의 문서를 적는 사람입니다.

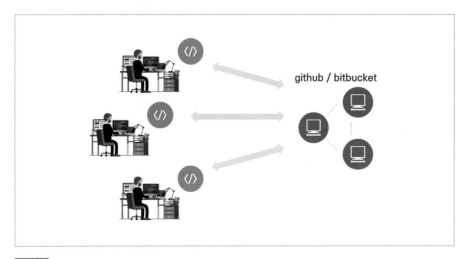

그림 9-3 ▶ 개발자의 협업

하나의 프로젝트를 여러 명에서 함께 작업하면 같은 이슈가 발생할 수 있습니다.

이에 개발자들은 깃을 기반으로 한 깃허브(GitHub), 비트버킷(Bitbucket) 등의 '원격 저장소'라는 걸 만들었습니다. 개발자들이 자신의 컴퓨터(로컬)에서 작업을 한 뒤 커밋(Commit)을 하면, 그 결과를 원격 저장소에 보낼 수 있고, 원격 저장소에서 이미 작업된 결과물을 가져올 수도 있습니다. 구글 드라이브로 자료를 공유하는 것처럼 파일을 다운로드할 수도 있고, 새롭게 작업한 파일을 업로드할 수도 있죠.

이처럼 깃을 활용하면 개발을 훨씬 수월하게 할 수 있기 때문에 개발자들은 깃을 많이 사용하고 있습니다.

왜 말을 저렇게 하지? 둘이 싸웠나?
(feat. 디자이너와 개발자)

현업에서 일하다보면, 디자이너와 개발자가 갈등을 겪는 경우가 많습니다. 왜 유독 이 둘 사이에 갈등이 많은 걸까요?

디자이너는 주로 포토샵과 일러스트를 사용해 작업을 합니다. 하지만 이 두 프로그램은 애플리케이션이나 웹 디자인에 최적화된 프로그램이 아닙니다. 따라서 포토샵과 일러스트로 작업을 하면 개발자가 요소의 넓이, 높이, X축으로부터 얼마나 떨어져 있는지 등의 수치를 하나씩 파악해야 하는 불편함이 생깁니다. 포토샵이나 일러스트 같은 툴에 익숙지 않은 개발자가 작업을 하다보니 시간이 오래걸리고 종종 실수가 나올 수밖에 없었죠. 때로는 디자인이 개발과정에서 다르게 구현되는 일들이 생기기도 했습니다. 이때의 책임은 온전히 개발자의 몫이었죠.

비전공자를 위한 이해할 수 있는 IT 지식

이에 개발자들은 '가이드'를 요구하기 시작합니다. 어디서부터 얼마나 떨어져 있는지, 넓이와 높이는 얼마인지 등의 수치를 모두 표시해서 달라는 것이었죠.

그래서 가이드가 나오게 됩니다. 가이드가 나오자 이제 결과물의 책임은 개발자가 아닌 가이드로 넘어가게 됩니다. 개발자는 정해진 대로 작업하면 되니까요.

그럼 이제 문제가 다 해결 됐을까요? 아닙니다. 이번에는 디자이너가 힘들

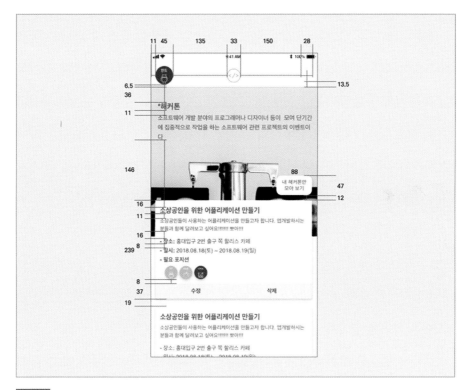

그림 9-4 ─ 디자인 가이드 예시

어졌습니다. 가이드를 만들려면 디자인 작업을 한참하고, 그 이상의 시간을 가이드에 쏟아야 합니다. 요소 위에 요소가 있는 경우, 그림자가 생길 경우 등 각각의 사안에 대해 개발자가 이것을 어떻게 처리해야 하는지 하나하나 설명하는 게 보통 어려운 일이 아닙니다. 또한 가이드를 어느정도까지 자세하게 줘야 하는지도 애매합니다. 결국 디자이너와 개발자는 계속 이야기를 해야 합니다. 한 번, 두 번… 이번엔 가이드 결과물에 계속 수정이 일어납니다. 시간은 점점 늦어지고, 디자이너는 정작 디자인 작업에 드는 시간보다 가이드를 만들고 수정하는 데 드는 시간이 많아집니다. 그렇게 개발자와 디자이너는 조금씩 멀어집니다.

갈등 관리에는 다양한 방법이 있지만, 그중 효과적인 방법 중 하나는 둘을 조금 떨어뜨려 놓는 겁니다. 접점을 줄이는 거죠. 디자이너와 개발자 사이에도 그런 시도가 등장했습니다. 바로 "스케치, 재플린, XD" 등의 프로그램입니다. 이 프로그램은 디자이너의 작업 결과물의 수치를 보여줍니다. 따로 디자이너가 가이드를 적지 않아도 됩니다. 가이드가 틀렸다고 싸우지 않아도 됩니다. 가이드를 다시 만들고 수정하는 시간도 없어집니다. 엄청난 변화죠.

[그림9-5]는 재플린 프로그램으로 작업한 결과물입니다. 특정 요소가 다른 요소와 얼마나 떨어져 있는지가 보입니다. 우측 상단에는 x축, y축을 기준으로 위치가 수치로 나타나고 넓이와 높이도 보입니다. 기준이 되는 수치(px, dp, pt 등) 또한 기기에 맞춰서 변경할 수 있습니다.

더불어 필요한 이미지 요소를 개발에 필요한 형식으로 다운로드하거나, 해당 디자인을 구현하기 위한 소스코드를 추천해주기도 합니다. 컬러코드를 추

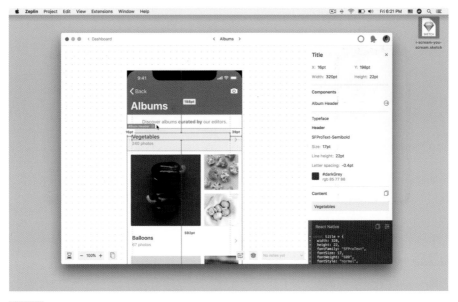

출해주기도 하죠. 특정 부분의 디자인 수정이 필요하다면, 해당 부분을 지정해서 코멘트를 남길 수도 있습니다. 디자이너와 개발자의 협업에 필요한 모든 것들을 담고 있죠.

마지막으로 스마트폰에서 나타나는 이슈 하나를 이야기해볼까 합니다. [그림 9-6]의 스마트폰은 좌측부터 아이폰X, 아이폰8, LG의 옵티머스 뷰2, 갤럭시입니다. 어떤 점이 다를까요? 가로와 세로의 '비율'이 다릅니다. 이 비율 때문에 디자인 구현에서 어마어마한 차이가 나타납니다. 무슨 차이가 있는지 조금 더 살펴보겠습니다.

보통 디자이너는 하나의 기기를 기준으로 결과물을 줍니다. 혹은 iOS/안드로이드 각각 한 기기를 기준으로 결과물을 주죠. 그럼 나머지 기기는 어떻게

개발해야 할까요? 애플은 다양한 아이폰을 판매하고 있습니다. 그 아이폰들은 비율이 조금씩 다릅니다. 안드로이드는 더 심각합니다. 수많은 비율이 존재하죠. 각 기기에 모두 잘 적용되도록 요소를 늘리기도 하고, 배치를 조정하기도 해야 합니다.

그럼 그 작업을 누가 해야 할까요? 디자이너가 각 비율에 맞춰서 모든 경우의 디자인 결과물을 작업해서 줄 수 있을까요? 안드로이드만 해도 기계가 200개가 넘습니다. 200개가 넘는 디자인을 모두 맞춰서 준다는 것은 불가능합니다. 더군다나 디자인은 수정이 많이 일어납니다. 한 번 수정할 때마다 200번의 수정을 반복해야 한다면, 얼마나 끔찍한 작업일까요. 결국 디자인을 구현하는 것은 클라이언트 개발자의 몫입니다. 따라서 클라이언트 개발자에게는 UI[1]를

---

1 UI는 User interface의 약자로 화면의 버튼, 텍스트 필드와 같은 요소를 의미합니다.

비전공자를 위한 이해할 수 있는 IT 지식

그림 9-7 ▸ 아이폰8+와 옵티머스 뷰2의 비율 차이

바라보는 감각이 중요합니다. 클라이언트 개발자라면 계속 UI에 관심을 가지고 공부해야 합니다.

하지만 그렇다고 디자인 구현의 결과물이 온전히 개발자의 책임이라고 할 순 없습니다. 이전에 배웠지만 개발자는 프레임워크와 라이브러리에서 제공해주는 기능을 활용합니다. 만약 프레임워크와 라이브러리에서 제공하는 수준을 벗어난 디자인 디테일을 구현하고자 한다면 조금 힘들어집니다. 비율 이슈부터, 기기 이슈까지 각각 맞춰줘야 하죠. 너무 작은 디테일 때문에 필요 이상의 많은 시간이 들어갈지 모릅니다. 그럼 디자이너는 어떻게 해야 할까요? 가이드에 관심을 가져야 합니다. 개발 코드까지는 아니더라도 각 프레임워크에서 제공하는 가이드 문서를 어느 정도 숙지하고 있어야 합니다. 애플은 HIG(Human Interface Guideline)를 제공하여 애플의 기기가 어떤 방침을 가지고 있는지 말하고 있습니다. 구글은 Material Design이라는 가이드를 제공합니다. 구체적인 사항이 궁금하다면 구글에 HIG 또는 Material Design을 검색해보세요. 구체적인 가이드가 나옵니다.

'도대체 어쩌라는 거야?'

안타깝게도 정답은 없습니다. 정답이 있었다면, 이렇게 계속 다투고 있진 않았겠죠. 결국 개발자와 디자이너는 협업해야 합니다. 칼로 그 둘의 경계를 완벽히 가를 순 없습니다. 회사 차원에서는 서로 대화가 가능한 문화를 만들어야 하고, 개발자와 디자이너는 서로의 분야에 대한 공부가 필요합니다. 상대에 대한 배려가 더해진다면 더 좋겠죠.

비전공자를 위한 이해할 수 있는 IT 지식

10장

정리

개발을 시작하면
일어나는 일들

이제 지금까지 배운 IT 세상을 총정리해보겠습니다. 중간중간 이해가 안 되는 부분이 있다면, 꼭 그 챕터를 다시 읽어주세요.

먼저 우리는 다양한 기기를 사용합니다. 스마트폰, 태블릿, 데스크톱, 노트북 등등이 있죠. 이 기기의 공통점은 모두 "컴퓨터"라는 점입니다. 컴퓨터는 CPU, 메모리, 보조기억장치(HDD, SSD)와 같은 부품을 가지고 있습니다. 그런 부품들을 우리가 직접 제어하면서 컴퓨터를 사용하진 않습니다. 어떤 프로그램이 그 역할을 대신해주죠. 그 프로그램이 바로 운영체제입니다. 대표적으로 윈도우, Mac OS. iOS, 안드로이드가 있습니다. 이 운영체제 위에 올라가는 프로그램을 개발하는 사람을 클라이언트 개발자라고 부릅니다. 주변에 iOS 개발자, 안드로이드 개발자가 있다면 이 클라이언트 개발자일 확률이 높습니다.

비전공자를 위한 이해할 수 있는 IT 지식

서버 사이드에는 서버 컴퓨터가 있습니다. 클라이언트와 마찬가지로 CPU, 메모리, 보조기억장치(HDD, SSD)를 가지고 있죠. 물론 이 부품들을 사람이 직접 만지진 않습니다. 운영체제가 필요하죠. 서버에서는 리눅스를 많이 씁니다. 리눅스를 사용하는 이유는 여러 가지가 있지만 기본적으로 안정적이고, 무료이기 때문입니다. 그 위에 서버 프로그램을 돌립니다. 이 서버 프로그램을 만들어서 서버 컴퓨터에 돌리는 사람이 서버 개발자입니다.

그렇게 클라이언트와 서버가 만들어지면 이 둘은 API를 통해 요청과 응답을 주고받습니다. API는 양면을 가지고 있죠. 기능을 제공하는 쪽은 서버입니다. 클라이언트는 이 기능을 사용합니다. 이때, API는 특정한 주소와 메소드(POST, GET, PATCH, PUT, DELETE)로 이루어져 있습니다. 메소드는 각각 CRUD(Create, Read, Update, Delete)와 매치됩니다. 정확한 곳으로 요청을 보

그림 10-1 ▶ 클라이언트와 서버 사이드

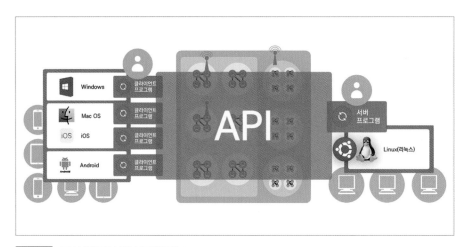

그림 10-2 ⊢ 클라이언트와 서버, 네트워크와 API

내면 서버는 요청이 온 곳으로 다시 응답해줍니다. 응답에는 '성공과 실패'의 경우가 있습니다. 성공은 200번대 숫자로 표현합니다. 실패는 400번대, 500 번대로 표현하죠. 클라이언트에서 요청을 잘못 보내면 서버는 400번대 에러 코드를 보냅니다. 반면 서버의 동작 중 문제가 생기면 500번대 에러 코드를 보내죠. 개발자들은 API문서에 이 모든 내용을 정리합니다. 그 때문에 기획자 는 API 문서에 관심을 가지고 살펴볼 수 있어야 합니다.

실제 서비스를 개발하여 출시하는 상황을 살펴보겠습니다. 웹 그리고 iOS 와 안드로이드 기반의 애플리케이션을 통해 데스크톱(PC)과 모바일로 서비스 를 제공하는 회사가 있습니다. 이 경우 적어도 4명의 개발자가 필요합니다. 웹 클라이언트 개발자, iOS 개발자, 안드로이드 개발자, 서버 개발자까지 총 4명 입니다(물론 둘 이상을 한 번에 개발하는 개발자도 있습니다).

실제 유저가 사용하는 서비스를 만들기 위해서는 화면을 구현하고 API 요청을 보내는 클라이언트 개발이 필요합니다. 웹 개발자는 웹 페이지를 만듭니다. HTML을 이용해서 뼈대를 잡고, CSS를 통해 디자인을 입힙니다. 그리고 JavaScript를 통해 기능을 붙이죠. 이를 빠르고 쉽게 개발하기 위해 React.js라는 라이브러리를 사용하고 있습니다. 이는 관리자 페이지도 마찬가지입니다. 관리자 또한 서버의 기능을 사용한다는 관점에서 보면 클라이언트입니다. 특정 유저가 무슨 상품을 구매했는지 확인할 수 있는 관리자 페이지라면 유저 정보와 상품 정보를 볼 수 있는 화면이 필요합니다. 해당 페이지로 들어갈 수 있는 메뉴도 필요하겠네요. 회사 외부의 사람들이 관리자 페이지를 보면 안되니 로그인도 필요하겠죠. 모두 웹 개발자가 만듭니다.

애플리케이션 개발자는 iOS, 안드로이드 위에 올라가는 프로그램을 각각 개발합니다. iOS는 Swift 혹은 Objective-C라는 언어를 사용하죠. 그리고 애플에서 제공해주는 코코아라는 프레임워크를 사용하면 iOS 위에 돌아가는 프로그램을 빠르고 쉽게 만들 수 있습니다. 안드로이드는 자바 혹은 코틀린(Kotlin)이라는 언어를 사용합니다. 그리고 안드로이드에서 제공해주는 프레임워크를 사용하면 안드로이드 위에 돌아가는 프로그램을 빠르고 쉽게 만들 수 있죠.

그렇게 클라이언트 프로그램이 만들어집니다. 그리고 그 프로그램은 서버에 요청을 보내죠. 다양한 요청이 있습니다.

"회원가입 시켜줘."

"로그인해 줘. ID는 ○○○이고, PW는 ○○○이야."

"상품 목록 좀 줘."

"고객 목록 좀 줘."

서버에서는 각 요청에 맞는 기능을 만듭니다. 각 기능들은 대부분 데이터베이스(DB)를 거쳐야 하죠. 회원가입을 처리하려면 데이터베이스(DB)에 회원 정보를 만들어야 합니다. 로그인 처리를 하려면 데이터베이스(DB)에 해당 ID가 있는지 확인하고, PW는 맞는지 확인해야 하죠. 상품 목록이나 고객 목록을 주려면, 데이터베이스(DB)에서 해당 목록을 꺼내와야 합니다. 이때 사용하는 언어가 SQL입니다. SQL은 데이터베이스 관리시스템(DBMS)에 데이터를 CRUD하기 위한 언어입니다.

서버 개발자는 해당 기능을 만든 뒤, 각 기능에 맞춰 API를 만들고 API 문서를 작성합니다. 그럼 클라이언트 개발자는 API 문서를 보며 특정 주소로 요청을 보내고 응답을 받습니다. 이 과정에서 기획에 빠져있던 새로운 API가 만들어지기도 하고, 필요 없는 API가 없어지거나, 수정되기도 합니다. API 문서를 기준으로 클라이언트 개발자와 서버 개발자가 활발한 소통을 하죠.

이제 개발이 끝난 결과를 생각해보죠. 웹과 애플리케이션이 조금 다릅니다. 웹은 완성 결과물을 서버에 올려두죠. 아마존 AWS에서 컴퓨터를 빌렸다고 가정해봅시다. 한 대를 빌려서 여러 동작을 처리할 수도 있고, 여러 대를 빌릴 수도 있습니다. 이 상황에서 일반 유저들이 서비스를 사용할 때 일어나는 일들을 살펴보죠. 아마존에서 빌린 서버 컴퓨터에 원본 HTML, CSS, JavaScript가 있습니다. 웹 클라이언트 개발자는 완성한 작업물을 그곳에 배포합니다. 일반 유저는 특정 도메인을 쳐서 HTML, CSS, JavaScript 원본이 있는 서버에 요청을

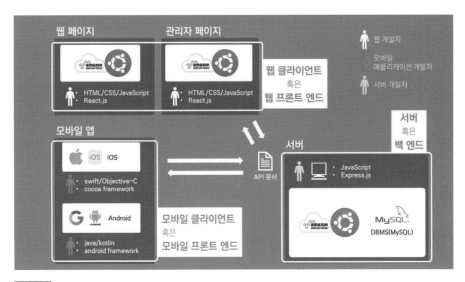

그림 10-3 웹, 애플리케이션, 관리자 페이지, 서버 개발 작업

보냅니다. 그럼 HTML부터 다운로드된 뒤, HTML에 연결된 CSS, JavaScript, 이미지, 폰트, 동영상 등등의 파일이 일반 유저의 브라우저로 다운로드됩니다. 그렇게 일반 유저의 컴퓨터에 다운로드된 HTML, CSS, JavaScript 사본은 필요할 경우 서버로 API 요청을 보냅니다. 그 요청은 데이터베이스가 존재하는 서버 컴퓨터가 받습니다. 그리고 요청을 처리한 뒤 응답을 보내죠. 이게 웹이 동작하는 방식입니다.

이제 애플리케이션을 살펴보죠. iOS 개발자는 프로그램을 완성하면 앱스토어에 심사 신청을 합니다.

"내가 만든 이 프로그램을 일반 유저가 앱스토어에서 다운로드 받을 수 있게 해주세요."

이런 의미입니다. 심사에 통과하지 못한 걸 "리젝(Reject)"됐다고 얘기합니다. 이 경우 애플이 리젝 사유 또한 말해줍니다. 그럼 사유에 해당하는 부분을 수정하거나 입증하여 다시 심사를 올립니다. 심사에서 통과하면 앱스토어에서 애플리케이션을 볼 수 있습니다. 사람들은 해당 애플리케이션을 자신의 스마트폰에 다운로드하죠. 다운로드 완료되어 설치된 애플리케이션은 필요한 경우 데이터베이스가 있는 서버에 API 요청을 보냅니다. 그리고 응답을 받아 처리하죠.

안드로이드 또한 마찬가지입니다. 구글 플레이 스토어에 심사를 신청해야 합니다. 구글은 반나절에서 하루면 스토어에 올려줍니다. 그럼 사람들은 구글 플레이 스토어에서 해당 애플리케이션을 다운로드할 수 있습니다. 그렇게 다운로드한 프로그램은 필요한 경우 데이터베이스가 있는 서버에 요청을 보내고, 응답을 받아 처리합니다.

마지막으로 관리자 페이지도 생각해봅시다. 웹 페이지이기 때문에 HTML, CSS, JavaScript 원본은 서버에 있습니다. AWS에서 서버를 하나 더 빌렸다고 가정해보죠. 해당 서버 IP 혹은 도메인으로 요청을 보내면 HTML, CSS, JavaScript 원본을 보내줍니다. 물론 아무나 들어갈 수 있게 하면 안 되겠죠. 회사 내부 사람들만 봐야 할 테니까요. 관리자 로그인을 통해 들어갈 수 있도록 개발해야 합니다. 즉, 로그인 요청을 보내고 응답을 받아야 하는데, 그때 API가 만들어진 서버로 요청을 보내고 응답을 받습니다. 각 통계, 관리 정보들 또한 API를 통해 요청을 보내고 응답을 받습니다. 이 모든 과정들과 용어들이 우리가 이 책을 통해 배운 내용들입니다. 만약 이해하지 못하는 부분이 있다면 해당 챕터를 꼭 반복해서 읽어주세요.

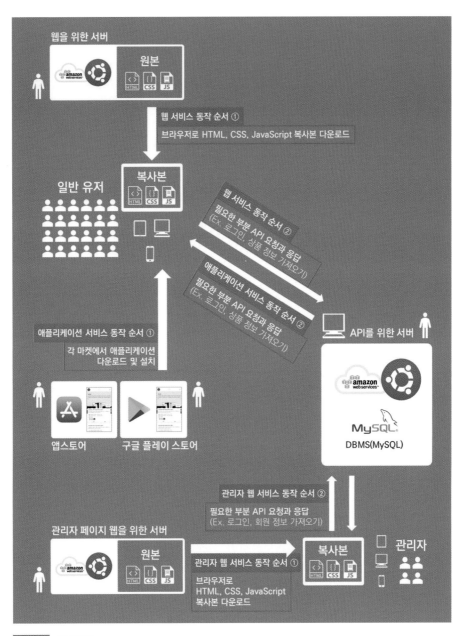

웹을 위한 서버

원본

웹 서비스 동작 순서 ①

브라우저로 HTML, CSS, JavaScript 복사본 다운로드

복사본

일반 유저

웹 서비스 동작 순서 ②
필요한 부분 API 요청과 응답
(Ex. 로그인, 상품 정보 가져오기)

애플리케이션 서비스 동작 순서 ②
필요한 부분 API 요청과 응답
(Ex. 로그인, 상품 정보 가져오기)

애플리케이션 서비스 동작 순서 ①

각 마켓에서 애플리케이션
다운로드 및 설치

API를 위한 서버

DBMS(MySQL)

앱스토어

구글 플레이 스토어

관리자 웹 서비스 동작 순서 ②

필요한 부분 API 요청과 응답
(Ex. 로그인, 회원 정보 가져오기)

관리자 페이지 웹을 위한 서버

원본

관리자 웹 서비스 동작 순서 ①

브라우저로
HTML, CSS, JavaScript
복사본 다운로드

복사본

관리자

그림 10-4 ▶ 용어 정리

2
아웃트로

[그림10-5]는 저희 집에 있었던 전화기의 변화입니다. 유선 전화에서 무선 전화로 바뀌었을 때 전화기가 얼마나 멀리까지 터지는지 궁금해서 들고 돌아다닌 기억이 납니다. 이후 휴대폰이 등장했고, 카메라 기능을 갖춘 컬러폰이 제 손에 쥐어졌습니다. 물론 당시에는 사진은 디지털 카메라나 필름 카메라로 찍어야 한다고 생각했기에 휴대폰으로 사진을 많이 찍지는 않았습니다. 하지만 스마트폰이 등장하고 엄청난 변화가 일어납니다. 스마트폰 카메라 화소가 점점 좋아지더니 디지털 카메라, 심지어 캠코더 시장까지 잠식하기 시작했습니다. 이후 게임기, 계산기, 알람시계 심지어 손전등까지 다양한 영역을 흡수해 나갑니다 이제 스마트폰 하나만 있으면 못할 일이 없습니다. 이것이 20년 만에 생긴 변화입니다. 정말 순식간에 발전했죠. 생각해보면 인류는 대단한 발전

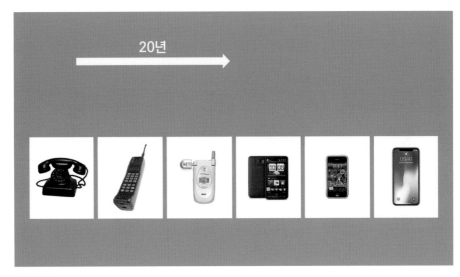

20년

그림 10-5 ▶ 전화기의 역사

을 이뤄냈습니다.

현대에는 신기한 일들이 벌어지고 있습니다. 원래 시계 회사가 아닌 IT 회사들이 시계 회사들과 싸우고 있죠. 과거에 시계는 시계 회사들의 전유물이었습니다. 허나 이제는 삼성과 애플, 샤오미에서 시계가 나옵니다. IT는 상어 같습니다. 다른 산업군을 가만히 두지 않습니다. 계속 새로운 것들을 만들어내고 변화를 강요합니다. IT는 택시 업계로, 금융과 유통 업계로 계속 뻗어나가고 있습니다. 앞으로는 무슨 변화가 있을까요? 어떤 혁신이 있을까요? 누군가는 드론이라고 얘기하고, 누군가는 블록체인, 누군가는 AR이나 VR, 누군가는 AI이라고 얘기합니다. 어떤 기술일지는 모르겠습니다. 하지만 그 모든 기술은 기존 산업들을 가만히 두지 않을 것이라는 점은 분명합니다.

그림 10-6 ▶ 모든 영역으로 뻗어가는 IT 산업

제 책을 읽고 무슨 생각이 드셨나요?

'나는 IT는 아닌 것 같아.'
'어휴… 클라고 뭐고 너무 싫어.'

이렇게 생각하셨을지도 모르겠습니다.

하지만 어쩔 수 없습니다. 이제는 대부분의 가게에서 키오스크로 주문합니다. 그 키오스크에는 안드로이드 혹은 윈도우 운영체제가 올라갑니다. 그리고 그 위에 프로그램이 돌아가죠. 그 프로그램은 서버에 API 요청을 보내고 받습니다. 어디서 일을 해도 운영체제와 API에 대한 얘기를 들을 수밖에 없는 세상입니다. 그 순간을 만나셨을 때, 제 책이 여러분에게 좋은 지도가 될 수 있길 기도해봅니다.

224   비전공자를 위한 이해할 수 있는 IT 지식

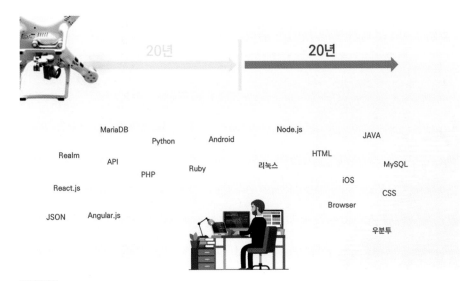

그림 10-7 IT 세상의 용어들과 미래

친구 세 명이 고구마 장사를 하고 있습니다. A는 홍보 담당입니다. 사람들을 불러오기 위해 간판도 만들고, 풍선도 불어봅니다. B는 고구마를 굽는 역할을, C는 고구마를 사서 가져오는 역할을 맡았습니다. 이 상황에서 A가 B에게 말합니다.

"야, 고구마가 더 달았으면 좋겠어. 사람들이 맛이 없대."

그럼 B는 이렇게 말할 겁니다.

"아 그래? C한테 얘기해볼게. 지금 아마 ○○에서 살 텐데, 다른 데서 사야겠네."

이후에도 A는 계속 B한테 고구마를 사서 가져오는 일에 대해 얘기합니다.

"야, 이 고구마는 좀 상했는데? 어디서 샀는지는 모르겠는데 거기서 사면 안 될 것 같아."
"고구마를 더 많이 쌓아 놓고 파는 게 좋겠는데 한 번에 더 많이 사는 건 어때?"
"아침에 고구마를 사서 가져오는 시간을 조금 앞당기면 어떨까?"

이런 상황이 10번, 20번 계속 반복된다면 B는 무슨 생각을 할까요? 인내심이 강한 친구라면 20번까지는 이렇게 말할 겁니다.

"아 그래? C한테 얘기해볼게. 나는 그 담당이 아니어서⋯."

하지만 30번, 50번 반복되면 B도 점점 지칩니다.

'A는 내가 무슨 일을 하는지 아직도 모르나?'
'왜 자꾸 C한테 얘기할 걸 나한테 말하지?'
'설명도 한두 번이지⋯ 내 업무에 관심이 없나?'

이런 상황은 IT 산업에서도 빈번하게 일어납니다. A는 비전공자, B는 클라이언트 개발자, C는 서버 개발자라고 할 수 있겠네요. iOS 애플리케이션에서 문제가 생깁니다. 비전공자는 iOS 개발자를 찾아갑니다. iOS 개발자는 몇몇 일은 자신의 업무가 맞지만 다른 업무는 서버 개발자를 찾아가야 한다고 말합니다. 하지만 비전공자가 이 상황을 이해하지 못하고 계속 iOS 개발자만 찾으면 iOS 개발자는 무슨 생각을 할까요?

'아, 이 사람은 업무가 어떻게 돌아가는지 모르는구나.'
'별로 관심이 없구나.'
'설명해 줘도 모르는구나. 괜히 시간 낭비했네.'

사실 비전공자인 A의 입장도 이해할 수 있습니다.

'설명해 주기 전에 이게 클라이언트 개발자의 업무인지 서버 개발자의 업무인지 어떻게 알아?'
'아니 저번엔 이 얘기 하려면 서버 개발자를 찾아가라더니, 왜 이번엔 클라이언트 개발자로 바뀐 거야?'

어찌 보면 이렇게 생각하는 것이 당연합니다.

그렇다면 클라이언트 개발자에게 얘기할지, 서버 개발자에게 얘기할지는 어떻게 알 수 있을까요? 본문에서 여러 차례 언급했던 것처럼, API 문서를 보면 됩니다. 자, 그럼 지금부터는 API 문서를 읽는 방법을 알려드리겠습니다.

애플리케이션이든, 웹이든 모두 텍스트와 이미지로 이루어져 있습니다. API 분석의 첫 단계는 바로 텍스트와 이미지의 출처를 구분하는 것입니다.

1. 해당 텍스트는 클라이언트에 있는가? 서버에서 가져왔는가?
2. 해당 이미지는 클라이언트에 있는가? 서버에서 가져왔는가?

[그림 1]을 통해 연습해보겠습니다. 수많은 텍스트들이 있습니다. 위에서 부터 보면 '*해커톤', '소프트웨어 개발 분야의…'라는 부분이 있네요. 그리고

그림1 ▶ 서비스 예시

조금 아래 '내 해커톤만 모아 보기'라는 텍스트도 버튼 위에 올라가 있습니다. '소상공인을 위한…' 부분부터 아래로 계속 텍스트가 이어집니다. 하단에 '수정'과 '삭제'라는 텍스트도 있습니다. 보이는 모든 텍스트들을 분석해야 합니다.

이제 [그림 2]를 통해 API 문서를 살펴보죠.

문서를 보면 GET이 눈에 띕니다. GET은 불러오는(READ) 기능이었습니다. 역시 무언가를 불러오고 있네요. 아래 설명이 있습니다. '메인 배너'를 불러온

[01]main

메인 페이지 API

`GET` **Get Main Banner**

https://api.it.com/**v1/main_banner**

메인 배너를 불러오기 위한 api(필수 파라미터 없음)(="필수 요청 변수 없음"과 같은 말입니다.)

Request　Response

`GET` **Get meeting list**

https://api.it.com/**v1/meetings**

미팅 리스트를 불러옵니다.

Request　Response

Path Parameters

| ascending | boolean | true: 오름차순, |
| OPTIONAL | | false: 내림차 |

그림 2 API 문서 예시 1

다고 적혀있네요. 그 옆에는 '필수 파라미터 없음'이라고 적혀 있습니다. 파라미터는 함수의 인자입니다(덧셈 함수에는 덧셈을 할 숫자가 필요하죠. 1과 3을 더해 4가 된다고 하면, 이 덧셈 함수에 들어가는 1과 3이 파라미터입니다. 4는 결과 값이죠). 즉, 메인 배너를 불러오기 위해서 딱히 필요한 파라미터는 없다고 나와 있습니다. 따라서 요청(Request) 부분이 비어있네요. 메인 배너가 무슨 의미인지 감은 오지만 확실히 뭘 불러오는지는 모르겠습니다.

이제 응답(Response)을 눌러보죠(그림3). 또 익숙한 숫자가 나옵니다. 200과

그림 3 ▶ API 문서 예시2_응답(Response) 버튼 클릭

404가 있네요. 200은 성공을 의미합니다. 404는 클라이언트가 요청을 잘못 보냈다는 내용입니다. 우리가 주목해야 할 부분은 200 숫자 아래에 있는 부분입니다. 자세히 보면 익숙한 형식입니다. 바로 JSON이죠. 'banner_title'과 'banner_content', 'banner_image'라고 적혀 있네요. 이 부분은 키(key)가 되겠죠. 그리고 옆에는 콘텐츠가 들어갈 겁니다. 보통 해당 키에 대한 설명이 적혀 있습니다. 지금은 '*해커톤', '소프트웨어 개발 분야의…', 그리고 어떤 이미지 주소가 보이네요.

이제 깨닫습니다. '아! 메인 배너란, 상단 텍스트와 이미지를 말한 거구나.' [그림 4]와 같이 해당 부분에 대한 정보를 서버에서 가져오고 있다는 사실을 알 수 있습니다. 그럼 다시 돌아가 보죠. 만약 여러분이 아이폰에서 상단 배너

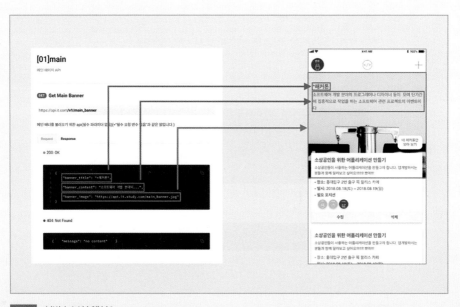

그림 4 ▶ 서비스 분석 예시 1

비전공자를 위한 이해할 수 있는 IT 지식

의 텍스트와 이미지를 수정하고 싶다면, 누구한테 말을 해야 할까요? 먼저 서버 개발자에게 가야 합니다. 업데이트는 필요할까요? 아닙니다. 서버에서 주는 데이터만 고치면 업데이트 없이 결과가 반영될 겁니다.

API 문서 안에는 GET 요청만 있는 건 아닙니다. POST, PUT, PATCH, DELETE 요청도 있죠. 하지만 우리가 가장 주의 깊게 봐야 할 정보는 GET입니다. 어떤 정보를 불러오고 있는지 확인하려면 GET 요청을 봐야 하죠. 물론 사정에 따라 GET이 아닌 POST로 정보를 불러오기도 합니다. API는 개발자끼리의 약속이기에 회사나 기술의 사정에 따라 바꿔 쓸 수 있습니다. 따라서 API 문서의 설명을 꼭 읽어보세요. '메인 배너를 불러오기 위한 API' 이런 식으로 적혀 있습니다. 이렇게 한 페이지의 모든 부분을 찾아보시면 됩니다. 그럼 [그림 5]

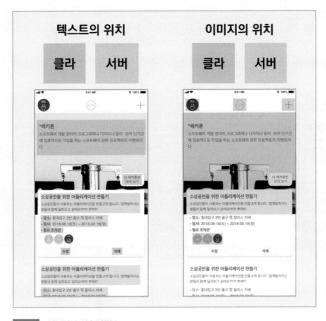

그림 5 ▶ 서비스 분석 결과 1

와 같은 분석 결과를 얻을 수 있습니다. 여기서 중요한 건 모든 텍스트와 이미지 하나하나를 잘 뜯어서 봐야 한다는 점입니다. "장소, 일시, 필요 포지션, 버튼 안에 있는 수정, 삭제 텍스트, 상단 바에 있는 이미지들"까지 모두 꼼꼼히 뜯어봐야 합니다.

여기서 추가 기준을 하나 더 말해보겠습니다. 웹(Web)에서 우리는 '하이브리드' 애플리케이션을 배웠습니다. 애플리케이션의 특정 부분에 브라우저가 올라가서 HTML, CSS, JavaScript를 불러오는 방식이었죠. 즉, 애플리케이션의 경우에는 추가로 웹인지 애플리케이션인지를 구분해야 합니다. 회사의 사정에 따라 어떤 부분에 웹이 쓰일지 모르기 때문에 API를 살펴보며 힌트를 찾아야 하죠. [그림 6]과 [그림 7] API 문서를 토대로 이 부분도 포함하여 분석해보겠습니다.

바로 [그림 7] API 문서를 보죠. 디테일 페이지에 대한 API가 있네요. 설명에 '구체적 정보는 우선 웹으로 처리합니다'라고 적혀있습니다. 그리고 아래 Get detail이 보이네요. '완성된 디테일 웹 페이지의 주소를 보내줍니다'라고 적혀있습니다. 그리고 응답(Response) 버튼을 누르면 상세 페이지 주소를 가져온다고 적혀있네요. 이걸 보면 상세 페이지는 완성된 HTML, CSS, JavaScript 결과물을 가져와서 보여준다는 것을 알 수 있습니다. 웹 개발자가 HTML, CSS, JavaScript를 완성해서 해당 페이지를 불러올 수 있는 주소를 알려주면, 그 주소를 서버 개발자가 API로 제공해 줍니다. 그럼 그 주소를 애플리케이션 개발자가 받아서 브라우저 위에 띄워주면 됩니다. 나머지는 브라우저가 알아서 HTML을 불러오고, CSS와 JavaScript를 불러옵니다.

그림 6(좌), 그림7(우) ─ API 문서 예시 2

조금 더 내려가 보면 'Get detail info'라는 API가 있습니다. 아래 설명에 '디테일 웹 페이지를 구성하기 위한 API입니다.(웹 개발자용)'이라고 적혀 있네요. 즉, 웹 개발자가 JavaScript를 통해 API를 이용해 서버에서 정보를 불러와서, HTML, CSS로 웹 페이지를 만든 다는 것을 알 수 있습니다.

더불어 웹도 마찬가지입니다. 특정 텍스트와 이미지가 클라이언트에 있는지 서버에 있는지 구분을 해야 합니다. 그림 [그림 8]과 같은 분석 결과가 나오겠네요. 이렇게 분석을 완료하면 최종적으로 [그림 9]와 같은 결과를 얻을 수 있습니다.

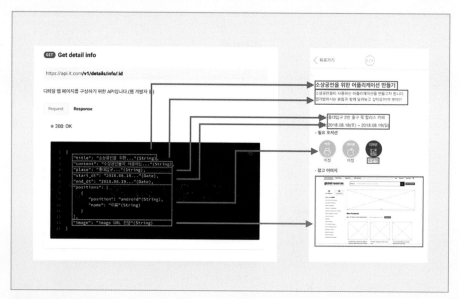

그림 8 ► 서비스 분석 예시 2

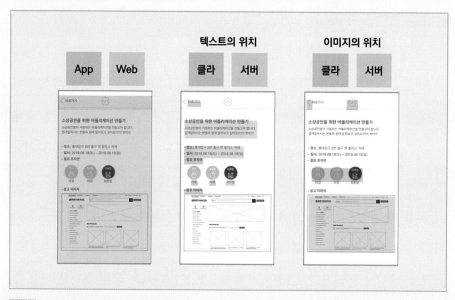

그림 9 ► 서비스 분석 결과 2

비전공자를 위한 이해할 수 있는 IT 지식

'한 번 구분 해놨으니 이제 이걸로 계속 쓰면 되겠지?'

이렇게 생각하실지도 모르겠습니다. 하지만 안타깝게도 그럴 순 없습니다. 오리엔테이션에서 말씀드렸지만, IT 산업은 변화의 속도가 매우 빠릅니다. 해당 구분들도 계속 변화합니다. 그래서 우리가 해야 할 일은 계속 분석 연습을 하고, 무기를 다듬는 일입니다.

분석한 결과물을 문서화하세요. 무언가를 요청하기 전에 그 문서를 먼저 확인하세요. 그럼 어떤 개발자에게 얘기해야 하는지 파악할 수 있습니다. 그리고 요청해보세요. 문제가 없다면 굳이 문서를 수정할 필요 없습니다. 하지만 가끔 여러분의 분석과 다른 대답이 돌아올지도 모릅니다. 당황할 필요 없습니다.

'아, 개발 내부 상황이 바뀌었구나.'

이렇게 생각하고 문서를 업데이트하시면 됩니다. 물론 그때 API 문서를 한 번 더 보면 좋겠죠.

처음부터 완벽한 구분을 하려고 하지 마세요. 분석한 결과를 계속 업데이트 한다고 생각해야 합니다. 왜냐하면 API 문서도, 기획도, 개발도 계속 변할 테니까요. 따라서 처음에 잘못 예측한 건 그리 큰 문제가 되지 않습니다. 오히려 문제는 아예 분석을 하지 않거나, 처음 한 번만 분석하고 그다음부터 업데이트를 하지 않을 때 발생합니다.

우리가 API 문서를 분석하는 목적은 "완벽한" 분석에 있지 않습니다. "원활한 커뮤니케이션"에 있습니다. 제가 말씀해드린 것을 토대로 앞으로는 API 문서와 친하게 지내보시길 바랍니다.

여기서 잠깐!

모든 API 문서가 이렇게 생긴 건 아닙니다. API 문서는 말 그대로 문서입니다. 클라이언트 개발자가 참고할 수 있도록 서버 개발자가 만들어 놓은 문서죠. 즉, 서버 개발자마다 다른 방식으로 구성할 수 있습니다. 회사의 표준 양식이 있다면 그 문서 양식을 따라가겠죠. 하지만 구성 요소는 모두 같습니다.

비전공자를 위한 이해할 수 있는 IT 지식

이 도서의 국립중앙도서관 출판시도서목록(CIP)은 서지정보유통지원시스템(http://seoji.nl.go.kr)과 국가자료공동목록시스템(http://www.nl.go.kr/kolisnet)에서 이용하실 수 있습니다. (CIP제어번호 : CIP2020020990)

비전공자를 위한 이해할 수 있는 IT지식

초판 1쇄 발행 2020년 7월 14일
초판 10쇄 발행 2021년 7월 26일

지은이 최원영
펴낸곳 티더블유아이지(주)
펴낸이 자몽

편 집 신슬아, 신미선
디자인 윤지은
교정교열·윤문 신미선
마케팅 자몽

출판등록 제 300-2016-34호
주 소 서울특별시 종로구 새문안로3길 36, 1139호 (내수동, 용비어천가)
이메일 twigbackme@gmail.com

ⓒ 최원영, 2020, Printed in Korea
ISBN 979-11-969180-3-3 (13000)
CIP 2020020990